G866d   Grinberg, Cassio.
        Desinvente : como o que já está feito pode (e precisa) ser desfeito / Cassio Grinberg. – Porto Alegre : Bookman, 2023.

        160 p. ; 21 cm.

        ISBN 978-85-8260-619-3

        1. Marketing. 2. Criatividade nos negócios. I. Título.

CDU 658.8

Catalogação na publicação: Karin Lorien Menoncin – CRB 10/2147

Des inve nte

COMO O QUE JÁ ESTÁ FEITO PODE **(E PRECISA)** SER DESFEITO

Cassio Grinberg

bookman
25 anos

©Grupo A Educação S.A., 2023

Gerente editorial: Letícia Bispo de Lima

Colaboraram nesta edição:

Editora: Arysinha Jacques Affonso

Capa e projeto gráfico: Brand&Book, a partir do original de José Augusto Porto

Ilustrações: José Augusto Porto

Editoração: Paola Manica

GRUPO A EDUCAÇÃO S.A.
(Bookman é um selo editorial do GRUPO A EDUCAÇÃO S.A.)
Rua Ernesto Alves, 150 - Bairro Floresta
90220-190 - Porto Alegre - RS
Fone: (51) 3027-7000
SAC 0800 703-3444 – www.grupoa.com.br

É proibida a duplicação ou reprodução deste volume, no todo ou em parte, sob quaisquer formas ou por quaisquer meios (eletrônico, mecânico, gravação, fotocópia, distribuição na Web e outros), sem permissão expressa da Editora.

IMPRESSO NO BRASIL
PRINTED IN BRAZIL

Para Benjamin e
Gabriela,
que me desinventam
todos os dias.

Para Andréia, que me
reinventa todos os dias.

Prefácio

Quando eu vi o Cassio Grinberg falando sobre desaprender, aquilo soou tão inteligente e preciso que eu parecia ouvir João Gilberto pela primeira vez. Sem exagero.

Fala-se muito em *lifelong learning*. Mas é fundamental o *lifelong deslearning* (tô abrasileirando). Desaprender a vida toda.

Trabalho há 40 anos com as grandes organizações e outras de todos os tamanhos e percebo que o calcanhar de Aquiles é que elas têm mais facilidade de aprender o novo do que desaprender o velho. E uma coisa está ligada à outra.

Meus amigos me chamam de Fênix e acho que meu sucesso vem do fato de que, ao longo da minha vida, continuamente eu joguei jeitos de fazer no lixo, convicções fora. E aprendi o novo, desaprendendo.

Gostei tanto do primeiro livro de Cassio que virei um evangelista de sua *big idea*, escrevendo sobre ele e levando-o a fazer palestras comigo.

Agora o *Desinvente* é a continuação deste pensar. E acho que, tanto o Desaprenda quanto este novo livro, o *Desinvente*, devem ser lidos pelos *C-Level*, e essa cultura deve ser embebida pelas empresas que querem ter futuro.

Grinberg é também palestrante e consultor de empresas e vira um evangelista do seu livro dentro das organizações. Recomendo, recomendo, recomendo. Desaprender sempre.

Sua empresa pode fazer todas as reorganizações, contratar todas as consultorias, que ela não vai mudar sem desaprender e desinventar.

Como disse Cecília Meireles, aprendi com as primaveras a me contar inteira, e voltar sempre nova.

Bravo, Cassio! Boa leitura, caro leitor.

— *Nizan Guanaes*
CEO e estrategista da N Ideias.

Sum

Um brinde à impermanência | 10

01 Desaprendendo e desinventando | 13
A | Desinventando nossas próprias ideias | 16
B | Desinventando as ideias de outros | 20

02 Desinvente | 23
2.1 | POR QUE DESINVENTAR? | 28
A | Porque a mudança chega chegando | 28
B | Porque até o Superman retira um terno antes de voar | 30
C | Porque sempre teremos a primeira descida | 32
D | Porque a vida não está nem aí para o teu planejamento | 35
E | Porque a impermanência é a bola de todas as vezes | 38
F | Porque pra ser feliz precisa de estratégia | 41
G | Porque ideias estúpidas podem gerar grandes negócios | 46
H | Porque *so what* que isso já foi tentado | 48
I | Porque o caminho só existe quando a gente passa | 51
J | Porque a incerteza nos faz um favor | 55
K | Porque *timing* leva tempo | 57
L | Porque o futuro será das empresas que fizerem os clientes se sentirem inteligentes | 60
M | Porque talentos demais pode ser um pouco demais | 63
N | Por que não? | 66

2.2 | COMO DESINVENTAR? | 68
A | Dando cinco passos | 68
B | Arranjando uns roxos nas canelas | 70
C | Com a Curiosidade S/A | 72

- D | Comemorando pequenas desinvenções | 76
- E | Vencendo sem precisar humilhar | 79
- F | Tendo instantes sabáticos | 83
- G | No plano A | 86
- H | Recomeçando do meio | 89
- I | Sendo mais insensato | 93
- J | Sendo sem precisar dizer | 97
- K | Não trabalhando só com o que você ama | 100
- L | Com *Bohemian Rhapsody* | 101
- M | Sendo vulneráveis | 105
- N | Procurando jóqueis | 108

2.3 | ONDE DESINVENTAR? | 112
- A | Em cima da bicicleta invertida | 112
- B | No "propósito gentileza" | 115
- C | Com marcas que começam pelo conteúdo | 119
- D | Com marcas que desaprendem | 122
- E | Onde nascem as estrelas | 124
- F | Com os adultos crianças | 128
- G | Com gente de muitos sonhos | 131
- H | Com os *improvers* | 135
- I | No *invert* | 139
- J | Nas coisas que nunca fizemos (mas podemos fazer) | 142
- K | Naquele mundo melhor aqui mesmo | 145
- L | No novo discurso do dinheiro | 147
- M | Com as pessoas com quem você não está falando | 150

QUANTOS ANOS SUA EMPRESA TERIA SE NÃO SOUBESSE QUANTOS ANOS TEM? | 155

Um brinde à impermanência

O que está feito não é definitivo, e isso é muito bom. O movimento é a origem de toda a melhoria do mundo: quando você pensa em Walt Disney, em Michael Jordan, em David Bowie, em Steve Jobs ou em Tom Jobim, você tem imediatamente a imagem de pessoas que passaram toda a vida se movimentando pela tecnologia, pela arte, pelo esporte, por países, por essências.

Você tem a compreensão de como é importante estar impermanente.

Eu estou em movimento, e acredito que você, só pelo fato de estar lendo este livro, também está.

Lancei, em 2019, um livro chamado *Desaprenda — como se abrir para o novo pode nos levar mais longe*. Um livro que foi super bem recebido, que despertou uma boa reflexão sobre a necessidade de tirarmos o acúmulo de informações e aprendizados antigos e literalmente liberarmos espaço em nosso HD interno — tanto para ganharmos conhecimentos novos, quanto para nos movermos com mais velocidade ao redor dos conhecimentos que já convivem conosco.

Só que, entre o lançamento dele e o lançamento deste aqui, tivemos uma pandemia no meio. E, se um pouco do que eu escrevi antes acabou sendo uma reflexão interessante para o período que vivemos em pandemia (tivemos que desaprender muito), agora vivemos um tempo dinâmico: se as coisas voltaram a ser como eram no mínimo estão em lugares diferentes; e eu mesmo preciso pensar em provocar outros caminhos, gerar outras ideias — e é muito bom que seja assim.

Já experimentou brincar de jogo da memória com uma criança? Ela guarda bem menos informações inúteis, então tem um HD mais rápido e vai ganhar de você.

Escrevi, tanto o *Desaprenda* quanto o *Desinvente*, amparado em uma série de experiências pessoais e profissionais, em minhas imersões dentro de empresas, em meus estudos e em minhas viagens, experienciando marcas que desinventaram a maneira com algumas coisas vinham sendo feitas.

E entendi que, ao mesmo tempo em que precisamos desinventar o que já fizemos, temos diante de nós uma tarefa que pode ser muito difícil. Por vários fatores que logo falarei aqui. Mas um deles se destaca: quando temos — e implementamos — uma grande ideia, nossa tendência é enxergá-la como definitiva, um verdadeiro clássico.

Seja em nossas empresas ou em nossas casas, não queremos desmontar nossos clássicos. Afinal, eles nos parecem perfeitos.

Mas tudo pode (e precisa) ser desinventado. <u>Mesmo que não no todo.</u> Até porque, embora às vezes pareça o contrário, nada, nunca, será perfeito por muito tempo.

> O antigo precisa do novo, assim como o novo também precisa do antigo. Nem tudo o que existe precisa ser refeito, pelo menos não imediatamente.

O que está feito, pode ser defeito. Pode ser desfeito. Pode ser refeito. Pode ser perfeito. (#Sqn)

Desaprendendo
e desinventando

Desaprender está para reaprender do mesmo jeito que desinventar está para reinventar: você não reaprende e não reinventa sem antes abrir espaço para algo novo. Sem antes tirar algo da frente.

Queiramos ou não, a mudança acontecerá.

Um dos meus principais motivadores de escrever o *Desinvente* foi uma profunda inquietação: por que, quase sempre, a mudança vem de fora para dentro, e não de dentro para fora?

a / Desinventando nossas próprias ideias

É possível surfar uma onda infinita?

Tendemos a acreditar que aquilo que criamos é um divisor de águas e pode durar muito tempo. Sobretudo quando falamos de inovação, quando parece que colocamos um fôlego extra no tempo de vida de nossos projetos. Como? De que forma algo tão novo não vai resistir ao trem da mudança?

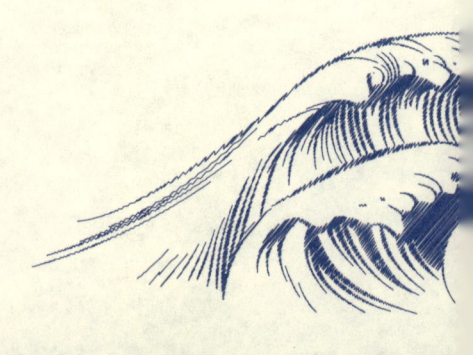

No livro *Organizações Infinitas*, Piero Franceschi fala do conceito de "perder para encontrar": organizamos tudo por meio de fronteiras, leis, hierarquias, rótulos, funções, grupos, processos e métodos, em busca de um desejo de estabilidade e previsibilidade. E nos surpreendemos que, ao final das contas, algo tenha fugido de nosso controle.

A verdade é que, paradoxalmente, a longevidade é proporcional à quantidade de vezes que somos capazes de "morrer": somente serão longevas as empresas que anteciparem o final do que hoje fazem. E então é possível, agindo assim, estar sempre surfando na crista da onda.

É quase como se desafiássemos uma das leis de Newton e disséssemos: nem tudo o que sobe precisa descer.

É comum, no entanto, que nos demos conta da necessidade de desinventar justamente na descida: é muito difícil ser diferente disso. É preciso, porém, perceber o mais cedo possível. Quanto mais tarde, mais caro. Tem um pouco a ver com desapegar, como percebeu a Target, uma das varejistas mais antigas do mundo, que se dispôs a desinventar algumas de suas próprias ideias.

A Target desinventa, na contramão de seus concorrentes

A Target é uma empresa que existe há mais de 120 anos. Nos anos anteriores a 2017, viveu uma grande crise, baseada em dois motivos centrais: um vazamento de dados de 40 milhões de clientes, e uma entrada desastrosa no mercado canadense. A Target comprou e colocou marca em 130 lojas naquele mercado, gerando uma grande expectativa, que não conseguiu atender: os pontos comerciais não eram os melhores, e a empresa não foi capaz de dar foco e gerar uma experiência excelente, simultaneamente, nos EUA e no Canadá.

Coloque-se no lugar da Target e me diga com sinceridade o que você faria:

○ **a** Compraria mais lojas no Canadá, em pontos melhores, e aumentaria a comunicação.

○ **b** Manteria o mesmo número de lojas no Canadá, nos mesmos pontos, e faria promoções agressivas.

○ **c** Desinventaria a entrada no Canadá.

Ao optar pela letra C, desinventando sua própria ideia de abrir mercado no Canadá, e focando no seu *core market*, a Target fechou todas as lojas lá e, na sequência, mesmo diante da ameaça da Amazon e do crescimento do mercado *on-line*, desinventou um pouco mais, na contramão de seus concorrentes: anunciou um investimento de US$ 7 bilhões para redesenho de todas as lojas nos EUA.

A empresa acreditava que, mesmo com uma tendência de compras *on-line*, uma parcela dos consumidores, talvez as mulheres, gostaria de dispor de um tempo sozinhos na loja. Eles poderiam comprar *on-line*, mas retirar pessoalmente. Ao buscar, reservariam um tempo para tomar um Starbucks (parceiro da Target com *store in store*) e comprariam artigos para si mesmo ou para sua casa, com calma. Mesmo atenta ao digital, em razão da pandemia, foi a geração de uma forte experiência física que levou a empresa, entre 2019 e 2021, a um crescimento de 30% em seu *valuation*.

Acesse o QR code e assista meu vídeo diretamente da Target, contando um pouco mais dessa história:

paginas.grupoa.com.br/desinvente/Target

b / Desinventando as ideias de outros

Dizem que as pessoas inteligentes aprendem com os próprios erros, e os gênios, com os erros dos outros. Mesmo que leve tempo.

O *designer* industrial britânico James Dyson é um desses gênios.

Na década de 1970, frustrado com a frequência que um saco de aspirador de pó ficava entupido, ele teve a ideia que levou ao primeiro aspirador de pó a vácuo. Ele percebeu que, mesmo esvaziado o saco, o aspirador não funcionava melhor. Mas funcionava bem com um saco novo. Ou seja: o problema não era o saco estar cheio, e sim, bloqueado.

O aspirador de pó era um produto que existia há 80 anos na Inglaterra, feito por uma única marca, chamada Hoover, e Dyson levou cinco anos pensando o produto — período no qual produziu mais de 5 mil protótipos. Até que ele desenvolveu um modelo de secagem e colocou dentro de um Hoover. E então levou a ideia a investidores, que lhe fizeram a pergunta clássica de quem não desinventa:

— Se a ideia é tão boa, por que Hoover ou Electrolux ainda não fizeram?

Mas essas empresas estavam, na verdade, no modelo de vender sacos, como Kodak e Fuji estavam no de vender filmes fotográficos. E o resto da história a gente já conhece.

James Dyson reinventou uma indústria, estendendo depois para produtos para secagem de mãos em banheiros e secadores de cabelos.

Prova de que, para desinventar, precisamos ficar algum tempo em cima dos problemas, não nos contentando com a primeira solução que encontramos.

> James Dyson acredita que, se você tem uma ideia melhor, e é capaz de produzi-la excepcionalmente, as pessoas vão querer comprá-la. Mesmo que custe três vezes mais.

Acesse o QR code e assista meu vídeo contando um pouco mais dessa história, com um secador de cabelos Dyson em mãos:

paginas.grupoa.com.br/desinvente/Dyson

Queiramos ou não, a mudança acontecerá.

Desinvente

02

Já reparou como a transformação chega, quase sempre, de repente?

Uma empresa cria um produto, às vezes um nicho, uma indústria inteira e, passado um tempo — que vinha sendo longo, mas hoje está cada vez mais curto — alguém encontra uma maneira mais justa, mais barata, mais inclusiva e com menos atrito, de resolver um problema. E de repente, desinventa tudo.

Só que não é de repente.

Não foi de repente que o Airbnb desinventou a indústria da hospedagem, embora pareça. Por que ele não foi uma *spinoff* da rede Hilton? Não foi de repente que o Instagram criou a indústria do compartilhamento de fotos. Mas por que foi ele, e não a Polaroid, que descobriu a instantaneidade das fotos quase 100 anos atrás?

Tudo vira de repente quando passamos todo tempo olhando para os concorrentes e deixamos, com isso, o novo pegar distância. O futuro chegará; ele sempre chega pela porta da frente, e ele virá de drone, sem trafegar pela estrada movimentada de nossos concorrentes. E como o futuro vem do futuro, e não do passado, desinventar é a melhor maneira de resolver um dos principais problemas do século XXI: transformar em vez de ser transformado.

Este é o trem da mudança.

Se você embarca cedo, ele não te atropela.

Ainda não sabemos desinventar, e por isso precisamos aprender. Seja na empresa, em casa ou no casamento, nada parecerá de repente se você estiver prestando atenção à mudança, ou melhor: se você a estiver promovendo. Desinventar é incremental e acontece de muitas formas, mas uma delas é determinante: é preciso coragem para antecipar o final de ciclos. Como fazia <u>David Bowie, que passou toda a carreira desinventando o que recém inventara.</u>

Claro que nem tudo precisa ser revisto, e que nosso negócio não vai acabar hoje. Mas você só saberá a diferença se mantiver a mente de iniciante (que pode ser formada, contratada, mas que precisa ser aceita), chamando a mudança antes de ser Golias, com braços pesados demais para se defender do estilingue.

> *Astronauta, surrealista, camaleão, apocalíptico, crooner, roqueiro alemão David Bowie foi 11 personagens diferentes em menos de 10 anos, sempre vendendo na alta.*

DESINVENTE

Então, bora lá!

Vamos conversar sobre

2.1 Por que desinventar?

2.2 Como desinventar?

2.3 Onde desinventar?

2.1 Por que desinventar?

Para que seja você, e não outro. E também:

a/ Porque a mudança chega chegando

Ainda teremos clientes amanhã? A resposta depende de estarmos dispostos a fazer alguns movimentos hoje: em dias de transformações rápidas, ninguém pode ser dar ao luxo de ficar parado. É curioso, e há várias formas de dizer isso. Mas, em síntese: a mudança chega chegando.

Funciona mais ou menos assim: uma garota está se movendo com pressa no aeroporto, e de repente sua mala quebra, deixando para trás uma trilha de roupas — peças íntimas, inclusive. Ela se motiva a criar um tipo de mala colorida customizada com wi-fi, USB e repleta de compartimentos — que recebe o nome de Away, desinventa em definitivo uma indústria, e hoje tem uma empresa que já vale US$ 1,4 bilhão.

Ou um homem finaliza uma corrida de 10km e, quando vai comprar algo para se hidratar, se depara com um *freezer* cheio de bebidas com açúcar. Então produz um chá engarrafado com gosto de folha verde, que termina desinventando gigantes, vendendo US$ 100 milhões por ano e comprado pela Coca-Cola — em busca da *next billion dollar brand*.

Costumamos, de forma equivocada, tratar a inovação como algo distante. Nós a transformamos em uma atividade departamental e nem sempre fazemos as melhores perguntas. No livro *Ascensão e Queda do Planejamento Estratégico*, o estrategista canadense Henry Mintzberg nos lembra que os imperativos "seja inovador" ou "pense com audácia" afastam a criatividade para uma ilha de isolamento: colocar os gerentes em volta de uma mesa com o *briefing* repentino de pensar desinvenção é uma das melhores maneiras de justamente suprimir isso.

A vida e a própria experiência estão o tempo todo a teste, de modo que é muito possível que os movimentos e as próprias insatisfações de consumidores comuns um dia cheguem a reflexões sobre aquilo que nós mesmos entregamos. E por que não somos nós mesmos a fazer as perguntas incômodas? Por que, na medida em que nossas empresas crescem, tendemos a tapar com processos os nossos equívocos e com antolhos a nossa visão periférica? Por que não exercitamos mais situações nas quais nos colocamos verdadeiramente nos sapatos dos clientes, para ver onde eles apertam? Por que não fazemos como Stacy Brown, fundadora da Chicken Salad Chick, que na janta com seus pais discutia problemas e soluções sobre quaisquer situações vivenciadas ao longo de um dia?

Esta poderia ser uma ideia interessante para fazer a desinvenção transitar de modo mais fluido em nossas empresas. Provocar o debate sobre a solução de problemas diversos pode fazer com que possamos em breve solucionar inclusive os nossos. Desinventando justamente a partir daí.

b / Porque até o Superman retira o terno antes de voar

É o que nos lembra o Coldplay, na música *Something just like this*, Mas eles não cantam — e tampouco estou escrevendo isso — para que as pessoas sejam super-heróis.

O Superman troca o terno por uma capa, mas não se trata de uma visão "contemporânea" segundo a qual, para ter sucesso, as pessoas precisariam despir o terno. Você se engana se acha que alguém de terno não pode voar.

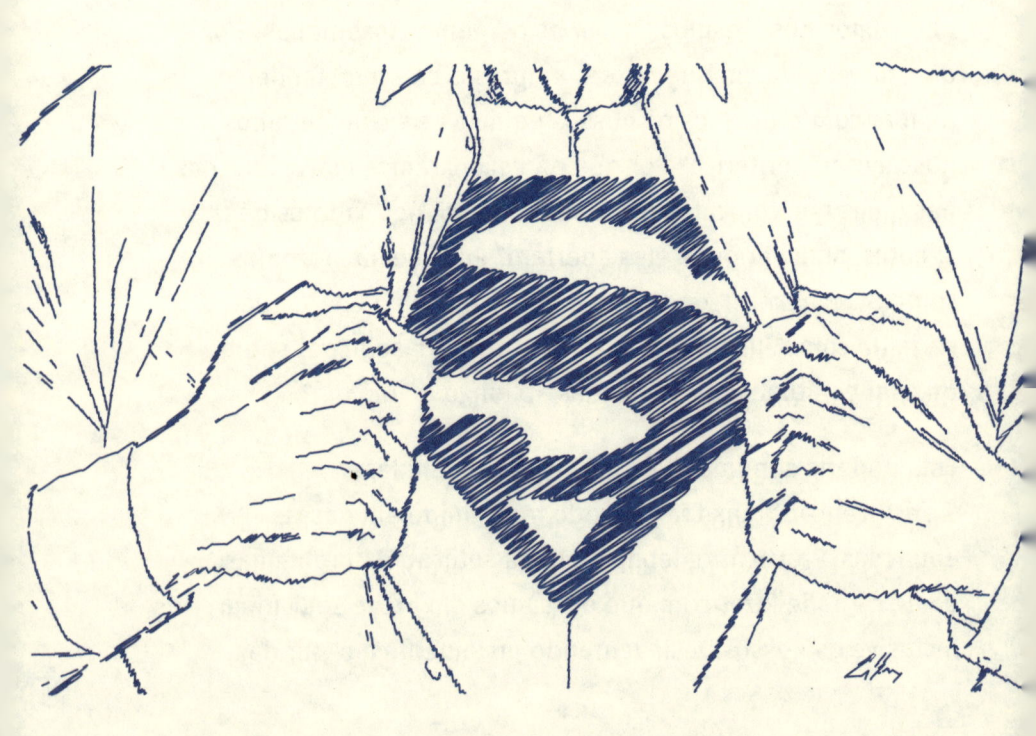

Podemos voar de terno, de vestido, de *jeans*, nus, de camiseta, de camisola, e a música insinua algo que, na verdade, sabemos: para voar, precisamos estar leves. E, paradoxalmente, estar leves não necessariamente tem a ver com nosso peso. Mas sim com o amor — às vezes ordenado, às vezes caótico — que sentimos por voar. E ao voar.

Desinventar é como voar. Se não for o Superman, você vai precisar de ajuda.

Do ponto de vista empresarial, quando falamos em agilidade, geralmente nos valemos da história de Golias e Davi. Uma gigante é um Golias pesado, uma *startup* é um Davi veloz. Mas, na prática, nem sempre funciona assim: assim como, empurrado pela potência, um Jumbo pode voar mais leve que um monomotor, não podemos correr o risco de não nos impulsionarmos quando estamos cansados.

Quando você assiste aquela cena do Superman voando em altíssima velocidade, muitas vezes, ao redor da Terra, aquelas linhas que ele faz também são linhas que ele desfaz: ele desinventa um destino que não aceita, um destino improvável, um destino que não é para ele.

O Superman voa com um propósito, esta é uma diferença. Mas ele voa mesmo veloz quando precisa, como canta Gilberto Gil, mudar como um deus o curso da história por causa da mulher.

Porque sempre teremos a primeira descida

1st&10, ou First Down, ou Primeira para Dez, ou Primeira Descida. São diferentes maneiras de nomear a primeira jogada, a primeira tentativa de avanço de um time no futebol americano — aquele jogo que, por não termos dedicado algum tempo a conhecer as regras, geralmente nos parece apenas uma movimentação amontoada de atletas, e não o que ele realmente é: uma metáfora fantástica da estratégia.

O futebol americano, que traz analogias com um cenário de guerra, é um jogo cujo principal objetivo é justamente ganhar espaços no campo adversário. E a primeira descida, como o próprio nome diz, é a primeira dentre quatro chances que um time tem de avançar 10 jardas. A lógica, portanto, do jogo, é a de que, se não tiver um Tom Brady (ex-marido de Gisele Bündchen) lançando uma bola, um time pode avançar de 10 em 10 jardas em direção ao *touchdown*, renovando mais quatro chances a cada 10 jardas conquistadas.

Tanto no plano pessoal quanto no plano empresarial, a primeira descida também pode ser entendida como uma filosofia especial de avanço: em vez de nos isolarmos diante uma escada supostamente impossível ou de querermos subi-la de uma só vez, podemos pensar em galgá-la, degrau a degrau, em busca de uma meta que não temos garantia de conquistar — afinal de contas, a defesa adversária tentará nos empurrar escada abaixo.

Desinventar é como a primeira descida. Você não faz tudo de uma só vez, e a defesa adversária tentará sempre demovê-lo da ideia. E acredite: a defesa adversária pode, inclusive, ser o colega da mesa ao lado.

A primeira descida, no fim das contas, pode ser uma ótima estratégia em tempos difíceis: imagine que sua empresa está faturando menos, ou que você esteja vivendo um dia em que muitas coisas não deram certo. Nesse caso, um avanço de 10 jardas pode ser um telefonema para um amigo, a leitura de um livro, o beijo de um filho ou mesmo uma taça de vinho — isso basta para nos colocar de volta na partida e renovar nossa esperança de que amanhã teremos mais quatro chances de conquistar um dia bem melhor.

Desde que não queiramos desistir de desinventar.

Desinventar é como voar. Se não for o Superman, você vai precisar de ajuda.

Porque a vida não está nem aí para o teu planejamento

Tempinho atrás, minha esposa foi a um *happy hour* e jantou com amigas e, de onde estavam, ela me enviou por WhatsApp uma imagem que expressava nitidamente algo que nunca devemos esquecer: a vida não está nem aí para o teu planejamento.

Lembro que, naquela noite, coube a mim dar, não apenas o banho (que inclusive é meu desde que eles nasceram), mas também a janta de nosso casal de gêmeos, e que, quando recebi a mensagem, eu estava mergulhado em uma análise para um planejamento estratégico de um cliente.

Tem um sabor especial para nossa família a minha esposa poder me instigar com uma imagem dessas. Eu contei com algum detalhe, em meu livro *Desaprenda*, uma situação em que a vida não esteve nem aí para nosso planejamento: a ocasião em que nossos filhos nasceram e, no hospital, minha esposa contraiu uma infecção, que resultou em uma internação de quase 40 dias, 10 dos quais em estado muito grave em CTI. Ou seja, um tempo que separou nossa família recém formada, e nos mostrou como era ter que reescrever os planos para receber dois filhos.

Por que esta reflexão? Porque sei que, dentro de cada um de nós, e de nossas empresas, existe um histórico de algum tipo de situação que já superamos, na qual tivemos que desinventar algo. Pense bem: uma mudança profunda de tecnologia, a entrada de um concorrente dinamite, uma alteração brusca na legislação, ou roubo, uma traição, um incêndio.

Isso significa que as empresas não deveriam planejar? Claro que não. Significa bem o contrário: que elas devem planejar cada vez mais, planejar cada vez mais a lápis, fazer cada vez mais perguntas, revisar cada vez mais as decisões e ajustar o foco como se a incerteza não fosse um defeito, e sim um tempero.

Acredito que, se a vida escolhe por nós que participaremos de algo, podemos escolher de que forma participaremos daquilo que a vida escolheu — e seguirá escolhendo — por nós.

> Neste período, precisei agir como o Superman. Acreditando que poderia mudar o curso da história por causa da mulher. Mas a verdadeira Mulher Maravilha, com sua força e sua superação, foi ela. Tinha que ser assim: afinal, tínhamos Super Gêmeos esperando em casa.

Stacy Brown, criadora da Chicken Salad Chick, foi alguém cuja vida não esteve nem aí para seu planejamento. Com três filhos, se viu, de repente, abandonada pelo marido, que tampouco dava assistência suficiente. O que ela fez? Começou a fazer salada e vender na porta das amigas.

Acontece que a salada que Stacy Brown fazia era tão boa que ela começou a fazer em larga escala. Até que foi autuada pela Food and Drug Administration (FDA) por estar cozinhando em casa, sem atender à legislação.

Então ela montou um restaurante e começou a dar, às saladas, o nome das amigas: Fancy Nancy, Classic Carol, Fruity Fran... e quando os homens iam até o balcão pedir a salada, perguntavam, um tanto constrangidos com a denominação: por que você não faz como o McDonald's e coloca números, em vez de nomes, nas saladas?

Sempre que estou nos Estados Unidos, faço questão de frequentar a Chicken Salad Chick. E posso testemunhar o que está escrito em uma das placas no banheiro masculino: "não há necessidade de ser rude, ou magoar alguém: continuaremos a fingir que a salada de galinha de sua mãe é a melhor do mundo."

Acesse o QR code e assista o vídeo comigo contando um pouco mais dessa história, direto de uma Chicken Salad Chick.

paginas.grupoa.com.br/desinvente/Chicken_Salad_Chick

e / Porque a impermanência é a bola de todas as vezes

As mudanças ocorrem mais rapidamente do que você percebe, mas não é apenas disso que estou falando: a aceleração, de repente, tem base estrutural. É como se não apenas estivéssemos trafegando em carros bem mais velozes, mas a própria estrada também rolasse como esteira supersônica.

Nessa via da impermanência, tudo o que for oferecido aos clientes deverá ser exponencialmente simples. Todo aspecto complicado de nossos negócios será desinventado em partes e, se nosso negócio for complicado no todo, ele será desinventado por inteiro.

Certa vez, perguntaram ao pintor Joan Miró se não eram fáceis demais os traços que ele pincelava na tela: ou é terrivelmente fácil, respondeu ele, ou é impossível. Exatamente agora, há alguém criando uma forma mais rápida, mais barata e mais divertida de oferecer justamente uma parte (ou o todo) daquilo que você oferece.

Já vem sendo assim. Toda indústria tem sido desinventada por alguém que decodificou o algoritmo da simplicidade: o

Canva simplificou o *design*, o Airbnb simplificou a hospedagem, o Tinder simplificou a atração, o Uber simplificou o transporte, Steve Jobs simplificou o mundo, e logo teremos alguns *problem solvers* simplificando a saúde, a aviação, a política, a alimentação, o dinheiro — pois, tudo isso já está para lá de impermanente.

A impermanência tem a textura de um Michelangelo tirando cada vez mais cavalos da pedra, o som de vários Aloks melhorando a experiência de escutar músicas que já existem.

A impermanência requer aprendizado rápido, mas é quase um clichê escrever isto: ela requer, na verdade, é desaprendizagem veloz e inclusive capacidade de desinventar qualquer coisa que esteja criada. Mesmo que recém-criada. Ela requer, mais do que isso, que sejamos nós mesmos os agentes de nossa autodisrupção: se nosso negócio, no fim das contas, será desinventado, melhor que seja por nós mesmos.

Não é mais apenas uma questão de nos reposicionarmos, deixando de ser Golias e passando a ser Davi. É uma questão de entendermos que, na impermanência, quanto mais a gente abraça a mudança, mais tempo a gente dura.

Exatamente agora há alguém desinventando o seu negócio.
E esse alguém não é o seu concorrente.

Porque pra ser feliz precisa de estratégia

Uma empresa que desinventa é uma empresa feliz. E, para ser feliz, precisa de estratégia.

Sabe aquela pessoa para quem a felicidade parece um tipo de dádiva natural? Aquela pessoa que você olha e pensa: cara, como ela consegue? Ser tão otimista, tão calma? Tão leve?

Eu não sou essa pessoa, e desconfio que você também não seja. Mas eu sou uma pessoa que persegue isso com muito foco, com boa ajuda e com uma boa combinação de estratégias.

Acredito, pelo meu trabalho junto das empresas, que estratégias são escolhas, e escolhas também são renúncias. Acredito também que a felicidade dos CNPJs é a soma da felicidade dos CPFs, mas não é apenas disso que estou falando.

> Você acredita que é possível ser feliz com estratégia?
>
> ○ a — Não
> ○ b — Sim
> ○ c — Claro que sim!

Estou falando que minha principal estratégia para ser feliz é algo muito simples mas, ao mesmo tempo, muitas vezes difícil de conseguir. Quer ser feliz? Não faça coisas que irão deixar você triste. Sou mais feliz acordando tarde ou acordando cedo? Sou mais feliz esportista ou sedentário? Falando ou calando? Amando ou odiando? Tentando ou invejando? Empurrando com a barriga ou desinventando?

Desinvente sem medo.

Trata-se de um movimento que, como toda a boa estratégia, requer não apenas estratégia, mas disciplina. Gosto de pensar que o hábito é o filho da disciplina, e disciplina é algo que todo mundo tem. Mas que, muitas vezes, acessamos pela via contrária: muitas pessoas têm disciplina para acender um cigarro, ficar duas horas nas redes, ou reclamar da vida.

Minha mãe era uma pessoa impressionante, e muito de suas atitudes só se tornaram claras para mim alguns anos depois que ela partiu. Eu, que fui um adolescente de óculos grossos que caminhava um pouco curvado, nunca entendi como, em segundos, minha mãe já conseguia conversar com uma pessoa que recém tinha conhecido como se a conhecesse há anos. <u>Nós íamos a pé até o banco e ela me ensinava que o homem deve caminhar pelo lado de fora da calçada, protegendo a mulher (faço isto até hoje)</u>. Minha mãe era uma pessoa para quem a felicidade vinha fácil? Não. Diversas vezes vi minha mãe angustiada e triste. Mas ela escolhia a visão, a arte, o carinho, a criatividade, o esporte, a maternidade, a curiosidade, o diálogo e as amizades, e me dizia: vai atrás!

O que estou escrevendo vale também para outros aspectos da vida. Diversos estudos já mostraram que uma pessoa não necessariamente nasce empreendedora, líder, comunicativa, emocionalmente inteligente. Se nós acreditamos que esses outros aspectos da vida podem ser conquistados e aprimorados com disciplina, por que não a felicidade? Um DNA sozinho não faz verão.

> Eu e minha mãe fazíamos muitas coisas juntos a pé. Passávamos por muitas pessoas, e ela cumprimentava e sorria para todos. Era incrível sua habilidade de fazer amigos por onde quer que passasse.

Agora, diga a verdade: você se sente mais feliz com uma rosquinha na mão, né? Então confere esta história:

Lembra da Dunkin'Donuts? Depois de um divórcio amigável, agora é só Dunkin (DNKN). Depois de muitas análises sobre a jornada do cliente, a marca percebeu que era procurada muito mais pelo café e pelo serviço do que pelas rosquinhas. Então fez um reposicionamento radical, sem medo de desapegar de parte do próprio nome. Sem medo de se desinventar pela metade. Com foco agora no café, nos serviços e produtos agregados, e visando a um estilo de vida mais saudável, ela ganha permissão inclusive para vender... as rosquinhas!

Acesse o QR code e assista o vídeo comigo contando um pouco mais sobre a desinvenção da Dunkin'.

paginas.grupoa.com.br/desinvente/Dunkin

Desin-vente sem medo.

Porque ideias estúpidas podem gerar grandes negócios

"Convidaremos as pessoas a postarem fotos de seus quartos, banheiros, de seus espaços mais íntimos, chamando estranhos para se hospedarem em suas casas. Vai ser gigante!", ironizou Joe Gebbia, enquanto refletia sobre o *pitch* que resultou na maior empresa de hospedagem do mundo.

Existe, na cultura empresarial da Disney, um pensamento que diz que, se você acha que sua lógica o está afastando de uma boa ideia, primeiro deve questionar a lógica, e só depois a ideia. E são geralmente as "ideias estúpidas" que terminam por reinventar toda o funcionamento das indústrias existentes. O israelense Haim Saban, criador dos Power Rangers, costuma dizer que, toda vez que ele expõe uma ideia e alguém o aconselha com ênfase "não faça isto", ele pensa: ops, devo estar diante de algo!

Era uma ideia estúpida criar um produto com muito menos tecnologia para competir com a Gilette no mercado de lâminas de barbear. Mas a Dollar Shave Club desinventou o mercado e concebeu um modelo de assinatura por US$ 1 ao mês, tirando quase 30% de *share* da líder. Era uma péssima ideia vender hambúrguer por um preço cinco vezes maior que o do McDonald's na década de 1980, e com um tempo de espera também cinco vezes maior. Mas Jerry Murrell, criador da Five

Guys, colocou uma placa na porta de sua primeira loja: "se você está com pressa, existem ótimas hamburguerias aqui por perto".

A Honest Tea foi a primeira marca do setor de bebidas nos Estados Unidos a não utilizar açúcar no produto. Criou uma bebida com "gosto de folha" — uma ideia péssima, mas não para Whole Foods Market, que colocou a bebida à venda em suas lojas, e nem para a Coca-Cola, que adquiriu a marca alguns anos depois.

A Bally, empresa dona dos jogos operados por moeda, não quis saber da ideia de Nolan Bushnell de criar um *game* onde uma pessoa pudesse jogar sozinha. Perdeu com isso a oportunidade de lançar o Pong, base da tecnologia que permitiu a invenção do Atari (e a própria desinvenção da Bally).

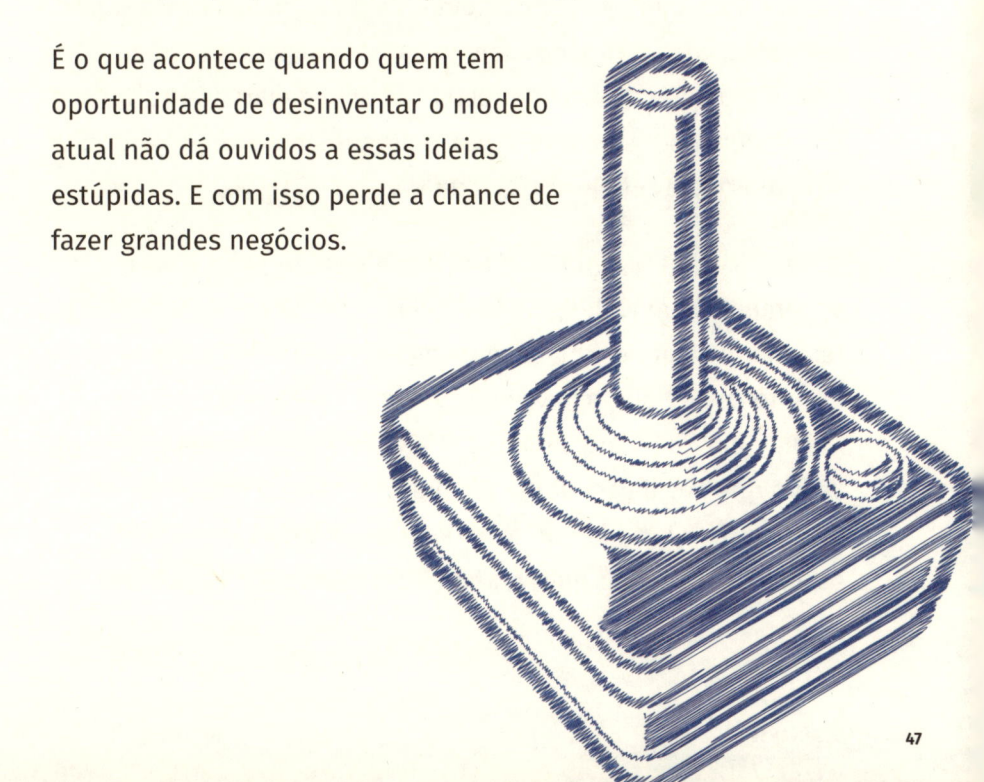

É o que acontece quando quem tem oportunidade de desinventar o modelo atual não dá ouvidos a essas ideias estúpidas. E com isso perde a chance de fazer grandes negócios.

h / Porque *so what* que isso já foi tentado?

O cansaço é um dos principais inimigos da criatividade: quando cansamos, deixamos de ser curiosos. E quando deixamos de ser curiosos, desabamos para um *mood* que trafega na via contrária da experimentação: nos valemos de todas as desculpas possíveis para não trocarmos as lentes "de costume" e, com isso, reduzimos a chance da visão panorâmica ao microscópio do que já imaginamos conhecer.

Do ponto de vista da desinvenção, uma situação costumeira é aquela em que, diante de novas ideias, os novos times são confrontados por pessoas com mais "tempo de casa" com a queixa de que deveriam prestar um pouco mais atenção justamente no histórico da casa, evitando desperdiçar recursos e tempo com aquilo que já foi tentado.

"Isso já foi tentado" tem um irmão mais velho, mais cansado: o "sempre fizemos desse jeito". É claro que uma empresa tem muito a ganhar com a soma dos aprendizados e que a experiência de quem já viveu vale bastante. No entanto, na medida em que o que nos trouxe até aqui não necessariamente será o que nos levará daqui em diante, alcançamos uma composição mais musical quando os mais novos aprendem com os mais antigos, e os mais antigos desaprendem com os mais novos. E não estou falando de idade, mas de mentalidade. De mentalidade de iniciante.

O Metaverso, que promete revolucionar a maneira como trabalhamos, consumimos cultura, nos relacionamos com os utensílios da casa, fazemos exercícios — e que possivelmente nem terá o formato exato que o Zuck imaginou para hoje —, é algo que já foi tentado. Aliás, 15 anos atrás: ele se chamava Second Life, mas quando aquele cavalo passou, ainda não contávamos com boa tecnologia AR/VR e, principalmente com a promessa do 5G (que logo será 6G).

Importa cada vez menos o que já foi tentado, a memória das empresas precisa ser cada vez mais curta. Trata-se de uma questão de jóqueis: com o desabrochar exponencial da tecnologia, os cavalos das oportunidades passam por nossas empresas diversas vezes — às vezes os mesmos cavalos que passaram antes. Mas precisamos de jóqueis com agilidade — e apoio — para montar.

Ou você nunca convidou uma pessoa novamente para dançar, só que dessa vez, ela disse sim?

> Second Life é do seu tempo?
> Você tinha perfil no Second Life?

"Isso já foi tentado" tem um irmão mais velho, mais cansado: o "sempre fizemos desse jeito".

Porque o caminho só existe quando a gente passa

Planejar nunca foi tão importante, mas a execução é sempre o teste da estratégia. Realizar uma estratégia também é, em grande medida, pretendê-la, mas como toda grande obra, o projeto somente existe depois que a gente ultrapassa a etapa da ideia.

Quando a gente entende que o caminho só existe quando a gente passa, compreende a importância da coragem de pisar no vazio. Só que nunca é, de verdade, no vazio: em tempos de mudança acelerada, dar o passo é desenhar o previsto, tocando a borda do imprevisto.

> Pense e anote aqui uma ocasião que você "pisou no vazio" mas, quando percebeu, havia chão.
>
> _____
> _____
> _____
>
> Você fez isso apenas uma vez? Se você nunca fez isso, **comece a fazer!**

O título deste capítulo é uma frase da música "Acima do Sol", do Skank — uma frase que é uma delícia, e que é, também, uma beleza.

Muitas vezes, em nossas trajetórias pessoais e empresariais, acabamos dedicando muito tempo em cima de alternativas: qual seria a consequência do caminho A? E qual seria o resultado do caminho B? Quando a gente pisa, e com alguma velocidade até, na pista, aceleramos de fato aquilo que foi planejado: passamos do estado da expectativa para o estado da realidade, e damos um outro *status* ao que costumamos chamar de arrependimento.

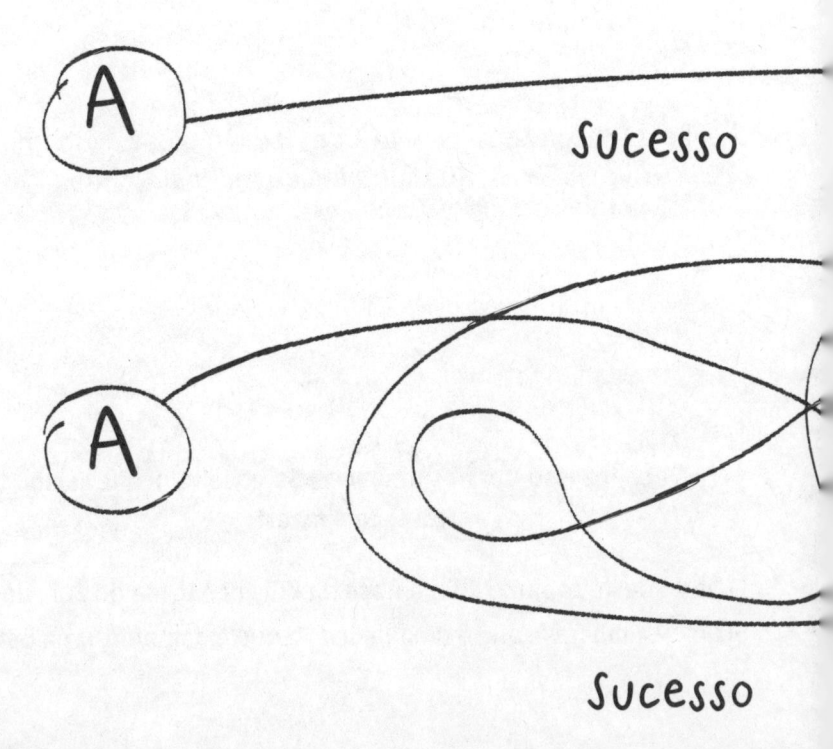

Entender que o caminho só existe quando a gente passa nos tira, portanto, das armadilhas do "será que eu devia mesmo?", e do "e se eu esperar mais um pouco mais?": Yvon Chouinard, fundador da marca de artigos esportivos Patagonia, diz que, se tem uma ideia, não pensa sobre ela: começa a executá-la. Se a execução o levar a uma fase seguinte, prossegue. E assim sucessivamente, sempre desaprendendo e aprendendo de novo.

O sucesso nunca é uma linha reta entre o ponto A e o ponto B. Quem se alimenta de expectativa tem indigestão de realidade e nunca conhecerá o desvio. Entender que o caminho só existe quando a gente passa é justamente pegar um planejamento feito a lápis e colocar um pouco de fé na caminhada.

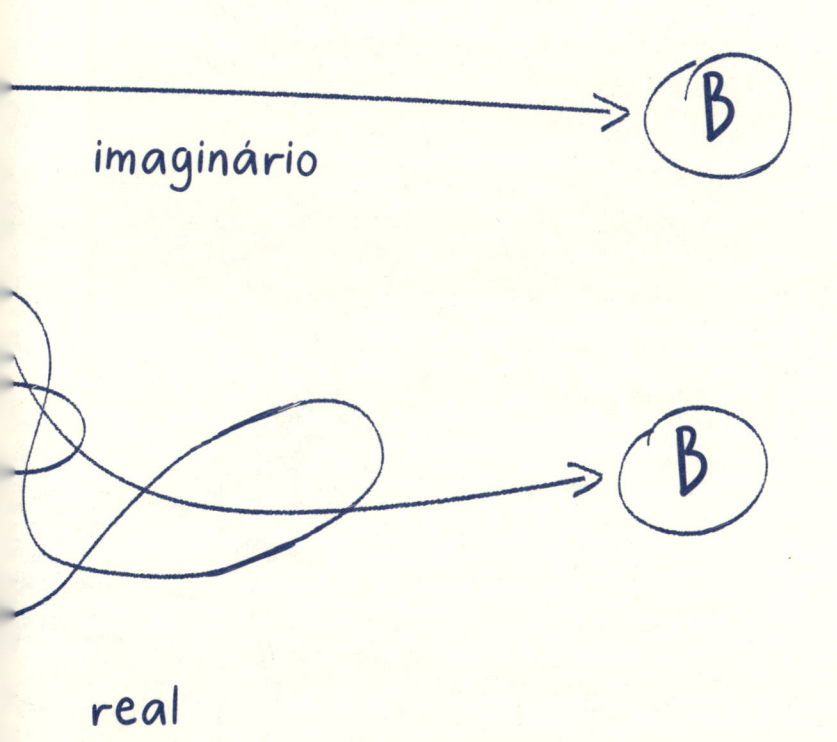

imaginário

real

O mundo nunca precisou tanto de gente que atira um monte de garrafas ao mar, que pensa caminhando, correndo, ou mesmo voando.

Você costuma atirar garrafas ao mar? Por exemplo, de vez em quando você tenta acessar pessoas "very out of your league?"

Quando eu tenho confiança em um conteúdo ou em um projeto, sempre atiro uma garrafa ao mar. Você nunca sabe no que pode dar, né? Mas você tem que ter algo "fora da curva": pessoas "very out of your league" são acessadas o tempo inteiro.

Liste aqui cinco pessoas "very out of your league", em cujo mar você vai atirar algumas garrafas.

1.
2.
3.
4.
5.

agora, atire!

Porque a incerteza
nos faz um favor

A incerteza existe para nos fazer um grande favor, mas dificilmente aprendemos a admirá-la. Gostar da incerteza significa gravitar entre os extremos da medição excessiva de efeitos passados e do falso controle de eventos futuros, e convenhamos: a própria ideia de gravitar nos traz uma sensação de fragilidade.

Uma sensação equivocada, no entanto: o sucesso nos negócios parte de um foco cuja sintonia ocorre menos por planejamento rígido, do que pela liberdade da tentativa e erro. No *Antifrágil*, Nassim Taleb nos ensina que, se monitoramos algo muito frequentemente, tendemos a perceber bem mais ruídos do que sinais (o que vale tanto para a análise do preço de uma ação na bolsa, quanto para a checagem paranóica de uma postagem nas redes sociais).

> Você monitora as redes sociais quantas vezes por dia?

Muitas previsões sobre o futuro, porém, captam principalmente o ruído, ao cometer o engano de tomar o mundo atual e projetar nele uma tecnologia conhecida. Os que conseguem se desprender de tal mecanismo alcançam resultados como os de

Alvin Toffler — que previu, na década de 1970, que o analfabeto do século XXI não seria mais quem não soubesse ler e escrever, mas os incapazes de aprender, desaprender e reaprender.

Ao colocar desaprender e reaprender no mesmo grau de importância de ler e escrever, Alvin Toffler definiu todo o movimento do século XXI.

O que define o futuro é a realização, e não a previsão. Mas temos dificuldade de desaprender sobre as "certezas". A incerteza é o que nos tira a gravidade (em ambos os sentidos) e nos presenteia, voltando ao *Antifrágil*, com a oportunidade de colocarmos a pele no jogo: arriscar, errar e acertar como base para escrevermos nossa própria história (e a de empresas, mercados e — por que não? — países) pelo parâmetro da volatilidade. E com isso, alcançarmos o verdadeiro propósito.

Daí exemplos como os de Steve Jobs (Apple), Yvon Chouinard (Patagonia), Nolan Bushnell (Atari), Jack Ma (Alibaba), John Mackey (Whole Foods Market), Joe Gebbia (Airbnb) — e todos os empreendedores e as empreendedoras que estão desinventando ou já desinventaram o mundo, simplesmente por colocarem o esforço e a pele no jogo; e o foco em aceitar o favor que a incerteza nos faz.

Porque *timing* leva tempo

Voltei recentemente de uma viagem de imersão em Israel. No país que registra mais patentes do que a soma de Rússia, Índia e China, escutei de empresários e *startupists* (termo que eles utilizam) a afirmação de que *timing* é mais importante do que *funding* — e, muitas vezes, do que a própria ideia em si. Mas *timing* leva tempo.

É atribuída ao multicampeão de golfe Tiger Woods a famosa frase "quanto mais eu treino, mais sorte eu tenho". Se considerarmos que sorte, assim como *timing*, é a soma de preparação com oportunidade, podemos concluir não apenas que precisaremos de tempo para estarmos preparados (e de energia, suor, persistência, alguns erros), mas também para estarmos atentos em conduzir essa preparação para o ponto em que queremos chegar.

Porque *timing* é, principalmente, planejamento: definir o destino e <u>deixar o Waze ligado,</u> uma vez que a desinvenção vem menos de uma maçã caindo em cabeça dormente do que

> O Waze, aliás, foi inventado dentro da Unit 8200 do Exército de Israel, uma tecnologia criada por Uri Levine como consequência de pesquisa e mapeamento do trajeto dos inimigos do país. Foi vendido em 2013 para o Google, por US$ 1,1 bi.

do *insight* que recompensa o esforço de quem pensa fazendo. Principalmente quando faz com propósito.

Kevin Systrom e Mike Krieger tiveram o *insight* de adicionar filtros na ferramenta que permitia às pessoas fazerem o *upload* de fotos. Mas não teriam tido a ideia que escalou o Instagram se já não estivessem, há algum tempo, planejando unir a tendência da instantaneidade ao fato de que, com o iPhone e qualidade crescente das câmeras, as pessoas passavam a ser fotógrafos em tempo integral. Bastava um *device* que lhes estimulasse a isso.

Jenn Hyman, fundadora da Rent The Runway, não chegou em Diane Von Ferstenburg e a convenceu a ceder sua marca para aluguel de *pret-a-porter* porque a estilista achava que era o *timing* para isso. Pelo contrário: foi a persistência da empreendedora em invadir o escritório da estilista quando ela telefonara cancelando a reunião de *pitch* que a fez pensar: se essa menina acredita tanto, será que não vale dar uma chance?

Timing, portanto, fala menos em estar no lugar certo e na hora certa por acaso, do que em construir, com resiliência e crença, esse lugar e essa hora. Afinal de contas, leva tempo para se tornar um sucesso da noite para o dia. Seja em Israel, na Rússia, na Índia, na China ou mesmo no Brasil.

E leva tempo, inclusive, para a gente muitas vezes perceber que precisa desinventar. Foi assim para a Lego, pelo menos.

Se você chega nos EUA, os americanos vão te dizer que a Lego é uma marca americana, que resume a quintessência da experiência americana. Na Alemanha, te dirão que a Lego é a representação da manufatura alemã. Na Suécia, que é funcional como Ikea e tudo que vem de lá. Mas a Lego é uma marca dinamarquesa.

Uma marca que quase quebrou no começo dos anos 2000. Havia muito pouco controle sobre custos e a marca expandiu demais, fazendo filmes, *videogames*, parques temáticos, *resorts*, gerando um paradoxo de que, quanto mais ela produzia, mais prejuízo tinha. Estava inchada.

Jørgen Knudstorp, que assumiu a empresa, encontrou-a em uma situação em que o Citibank e outros credores estavam chegando para executá-la. E com isso teve a desculpa perfeita para se desfazer da estrutura adicional, basear-se em *Profit From the Core* (a estrutura é que deve seguir a estratégia) e reconectar-se com o propósito.

Que era centrado em um produto incrível e no que ele poderia fazer pela criatividade do mundo. Com isso, desinventou tudo: vendeu outros negócios, organizou recrutamento de *design lovers* do produto, recriou peças, novas aplicações, e reconduziu a empresa para um crescimento que chegou a 30% ao ano até 2010.

TS Eliot uma vez disse: o fim da exploração é voltar ao lugar onde tudo começou, e então conhecê-lo pela primeira vez.

E com isso os negócios da Lego como um todo passaram a melhorar, e ela voltou a fazer coisas que fazia, mas agora com parceiros, como Disney e Warner, que criou o Lego Movie.

Acesse o QR code e assista o vídeo comigo lá na Lego, contando um pouco mais desta história.

paginas.grupoa.com.br/desinvente/Lego

1. Porque o futuro será das empresas que fizerem os clientes se sentirem inteligentes

Mas o que, exatamente, significa sentir-se inteligente em uma experiência de compra ou uso?

Experimente planejar uma viagem. Quando for escolher a estadia, o que você faz? Digita o nome de um hotel no Google? Vai no Booking? Vai direto no *site* do hotel? Ou vai no Airbnb? O Airbnb sacudiu não apenas a indústria hoteleira, mas o próprio setor de *real estate*. Quando a pandemia apertou, ele se desinventou ainda mais uma vez, de modo que, hoje, você reserva até hospedagem em hotel por meio da plataforma.

> Aliás, uma pausa para você pensar em sua próxima viagem:
>
> Para onde? _____
> Quando? _____
> Com quem? _____

E o que esta plataforma, assim como outras, está fazendo? Somando conteúdo e conveniência para provocar justamente o clique na mente dos consumidores. Se conteúdo não fizer parte de sua oferta, fará parte da próxima compra de seu cliente, mas não é apenas disso que estou falando: vivemos um tempo onde o conteúdo, rapidamente, será a parte principal da oferta de qualquer produto. E se a ele for adicionado o atributo conveniência, a combinação será imbatível.

Você reserva e paga a hospedagem de suas férias em dois cliques no Airbnb, enquanto que, se for falar com um hotel, terá que tentar um sistema de reservas *não responsivo*, um WhatsApp, um *email*, e — se estiver muito próximo da data de sua viagem — pasmem, um telefone. Já no Airbnb você ainda conversa com o dono do quarto, que até lhe passa dicas de cafés da manhã muito melhores.

Você se sente um bobo quando seu banco cobra tarifa por pix, uma empresa de serviços lhe pede um turno (quando não um dia inteiro) para a chegada do técnico, um supermercado lhe cobra preço cheio por um alimento que vai vencer amanhã, uma revenda de automóveis lhe telefona para dizer que houve um aumento no preço de um carro encomendado. Este é o jeito antigo de fazer negócios, e logo estará desinventado.

A Amazon lhe oferece uma assinatura *Premium* que você pode ativar e cancelar a qualquer momento. A Instacart vai ao supermercado para você e lhe telefona se a melancia ainda não está no ponto. A Levi's, em breve, vai ensinar *design* de *jeans* para quem imprimir 3D. A Starbucks, logo, logo, vai se tornar uma universidade de cafés.

E a sua empresa, como está tratando a inteligência de seu cliente?

Se conteúdo não fizer parte de sua oferta, **fará parte da próxima compra de seu cliente.**

Porque talentos demais pode ser um pouco demais

Existe uma receita conhecida que escala três ingredientes do mundo corporativo: tenha uma ideia, mobilize o entorno, arranje o melhor time para executá-la. Mas o que acontece quando fazemos tudo isso, porém reunimos talentos demais?

Michael Lewis, autor do livro adaptado para o cinema *Moneyball*, escreveu para a *The New Yorker* um perfil do jogador de basquete Shane Battier. O perfil, que rodava na mesma via do filme (que recém mostrara ao mundo o incrível sucesso de um time de beisebol que tirava o máximo das estatísticas de jogadores comuns), expunha possibilidades jamais imaginadas, de modo que o jogador terminou contratado pelo Miami Heat — um time que, apesar de contar com Dwayne Wade e LeBron James, havia seis anos não conseguia vencer a temporada da NBA.

A entrada de Battier no time, um "jogador médio" humilde o suficiente para conhecer seu lugar e como contribuir a partir dele, mudou tudo: assim como com a dupla Dunga/Romário — que corporificou o que faltou na brilhante seleção brasileira de 1982 e sobrou na "medíocre" (mas vencedora) seleção de 1994 — ele era o jogador que apontava a

LeBron onde tinha que estar dentro da quadra e por cima de qual lado do corpo deveria forçar os adversários a arremessar. Como resultado, o Miami Heat foi campeão, naquele ano e também no ano seguinte.

John Nash, conhecido como o "gênio atormentado" criador da Teoria dos Jogos, baseou-se no pressuposto de que uma equipe (seja um time, uma empresa, um ministério ou mesmo uma família) tem mais chance de sucesso se seus integrantes tomarem medidas simultaneamente melhores para si mesmos e também para o time. Vocês lembram da imagem de um Lionel Messi constrangido no Maracanã ao receber a Bola de Ouro da Copa do Mundo de 2014? Trata-se de um exemplo de consciência de equipe: embora ele tenha sido o melhor, seu time simplesmente perdeu.

O tema da diversidade, tão em voga hoje em dia, bem poderia também navegar pelo oceano dos talentos não aparentes. Não se condene, portanto, se você tem menos talento do que imagina: em um mundo colaborativo de muito mais *insights* do que gênios, pode ser que a soma de trabalho duro e sua habilidade "na curva" se constituam, justamente, na porta de entrada para a desinvenção que precisa ser feita.

Alguma vez você já escalou os melhores talentos para um projeto e, mesmo assim, ele não deu certo?

n. Por que não?

Como sabermos quando é hora de insistir, e quando é hora de parar e simplesmente desinventar?

Desinventar, em primeiro lugar, não deixa de ser um "modo de insistência": na medida em que desinventar é incremental, é preciso que saibamos insistir em "esvaziar" a cada dia um pouco da caixa.

Mas como, de fato, saber interpretar o momento que estamos vivendo? Como decidir se é hora de fazer um pouco diferente, ou de insistir em fazer exatamente as mesmas coisas? O filme *Wall Street — o dinheiro nunca dorme* brinca com uma suposta definição de insanidade: querer resultados diferentes continuando a fazer, repetidamente, as mesmas coisas.

Mas muitas vezes vivemos momentos em que é preciso acreditar e insistir. O que conta, em resumo, é estar aberto a escutar livremente, ouvir sem o rigor da ortodoxia e, sobretudo, escutar pelo lado de dentro. Lembrando, sempre, que insistir sem desinventar é como desinventar sem insistir. Um desperdício, no fim das contas: de tempo e de criatividade. A Best Buy, uma das maiores varejistas dos Estados Unidos, insistiu e... desinventou!

> A trilha sonora deste filme é incrível, quase toda ela de David Byrne. Aliás, eu acho este filme tão bom quanto "Wall Street - poder e cobiça".

Em 2012, a Best Buy estava assim: péssimo serviço, baixíssimo moral, o CEO recém fora demitido em função de um caso com uma funcionária — as pessoas olhavam os produtos e compravam na Amazon. O preço da ação era US$ 12.00. As reportagens dos jornais de negócios explicavam: por que (e quando) a Best Buy iria à falência.

Então assume um novo CEO, Hubert Joly, escolhe algumas lojas e passa uma semana trabalhando nelas, restabelecendo uma clara política de treinamento e formando pessoas por meio da sinergia Tech + Touch. Cria inclusive um In-Home Advisor Program, para dar orientações sobre produtos na própria casa do cliente (onde serão usados).

Com relação ao *showrooming* (olhar produtos na loja e comprar *on-line* da Amazon), ele criou uma política de Match Price que, embora o *Board* achasse que canibalizaria vendas mais caras, valeu-se da tendência de que, no caso de produtos como TVs e *smart phones*, o consumidor prefere levar na hora.

E também aproveitou uma tendência já existente no varejo de vestuário (mostrar ilhas nas lojas) e fez uma parceria com a Samsung para montar 1.000 lojas dentro da Best Buy, nos melhores pontos, e fazer frente às Apple Stores. Depois estendeu essa parceria a outros fabricantes, inclusive Apple, que considera Best Buy um ponto adicional de experiência.

Com isso, mesmo com a pandemia, a Best Buy vendeu mais de US$ 40 bilhões por ano e as suas ações hoje valem aproximadamente US$ 100.00 cada uma, muito mais do que os US$ 12.00 de antes da crise.

Acesse o QR code e assista meu vídeo diretamente da Best Buy, contando os detalhes desta história.

paginas.grupoa.com.br/desinvente/Best_Buy

2.2 Como desinventar?

a/ Dando cinco passos

Depois de estudos para este livro, de projetos realizados na cultura de desaprendizagem para o *onboarding* e a construção do intraempreendedorismo, de aprofundamento nos modelos de desinvenção, de imersões em outros ecossistemas e realidades, e de mais de uma centena de planejamentos estratégicos com foco na reinvenção, reuni aqui o que me parecem ser os maiores desafios para o processo de desinventar:

1. Assumir que o atual modelo está ultrapassado

Uma dificuldade importante tanto dos CPFs quanto dos CNPJs (que nada mais são do que a soma dos CPFs) é admitir que é hora de mudar. Tenho um cliente que costuma dizer que o começo da cura é pelo reconhecimento de que estamos doentes, e quanto mais cedo agirmos, menos deixaremos o novo tomar distância. Não tenha receio de pedir ajuda, nem seja orgulhoso.

2. Não confundir desapego com perda de *status*

Muitas vezes, nos sentimos "autoridades" em nosso mercado, ou mesmo em certos temas, e a simples menção à mudança gera um impacto direto em nossa percepção de segurança: temos medo de nos sentirmos inseguros caminhando em uma estrada nunca antes percorrida. Compreensível; no entanto, sem desconforto não existe desinventar.

3. Identificar um novo parâmetro para a estratégia

Admitimos que precisamos desinventar, que o antigo modelo não funciona, estamos dispostos a desapegar: mas qual deve ser o novo modelo? Existem importantes ferramentas do ponto de vista do planejamento estratégico que podem auxiliar neste momento, e uma análise das curvas de valor pode nos ajudar a definir qual deve ser nosso novo modelo de oferta.

4. Enxergar novos modelos através de novas lentes

Muitas vezes incorporamos um novo modelo de atuação, mas continuamos a aplicar velhos hábitos. Einstein costumava dizer que não podemos resolver problemas com o mesmo pensamento que usamos para criá-los, e, portanto, é preciso lembrar que queremos obter novas percepções. A velha tentativa e erro ajuda bastante neste momento.

5. Ter disciplina para manter novos hábitos

É como fazer regime, ou mudar o estilo de vida: agora que você desaprendeu a fumar, beber demais, ser sedentário, se estressar por tudo ou culpar todo mundo por escolhas suas que não deram certo, você precisa ter disciplina para não voltar atrás.

b / Arranjando uns roxos nas canelas

Já viram aquelas crianças (com meus filhos é assim), cheias de roxos na canela? Dos tombos que levam de bicicleta, andando de balanço, jogando bola?

Estamos acostumados a buscar uma trajetória sem solavancos. Fomos em algum momento ensinados que os tombos fazem mal, mas o que pode acontecer se desaprendermos nossa crença de que sucesso é uma linha reta?

Com meus filhos acontece assim: quando caem, esquecem rapidamente. Não que não sintam dor: uma criança continua sendo uma criança. Parece, no entanto, haver uma combinação de dois sentimentos maiores que a frustração da queda: a capacidade de esquecer, e a curiosidade em descobrir o que pode acontecer se eles simplesmente tentarem novamente.

A tentativa e erro é a verdadeira liberdade. O que nos faz refletir um pouco sobre os extremos de não errar nunca ou errar o tempo todo. Não procure o erro, ele vai te achar: embora cair seja importante, você não precisa almejar o tombo. Mas se ele não acontecer nunca, possivelmente é porque não colocamos de verdade a pele no jogo.

Cair e levantar, por exemplo, foi que fizemos na pandemia, quando de repente levamos um soco na boca do estômago e não pudemos nem reclamar da deslealdade da luta. Mas aquilo também nos ensinou a lidar com esses roxos na canela, em nossas casas e em nossas empresas.

Quando você cansar de verdade, lembre: é hora de acelerar! A hora em que a gente está mais cansado é justamente a hora de acelerar, pois o sucesso está mais próximo, apenas não conseguimos ver — e a maioria das pessoas desiste quando está mais perto do que imagina.

Tem um *ikigai*, um propósito, ou um sonho? Coloque a energia em persegui-lo, mas não esqueça de comunicar o mundo da existência dele. Na vida é assim: faz melhor para a alma tentar.

A desinvenção, no final das contas, é proporcional à quantidade de roxos que arranjarmos na canela.

> Relembre aqui três situações em que você arranjou uns roxos nas canelas:
> 1. _____
> 2. _____
> 3. _____
>
> Nenhuma? **Está na hora, então!**

Com a Curiosidade S/A

Imagine uma empresa chamada Curiosidade. Uma empresa que não apenas fosse curiosa, mas que tivesse a curiosidade impressa no próprio nome. Uma empresa onde a curiosidade fosse um elemento tão central que — em um mundo de fronteiras cada vez mais tênues — ultrapassasse a importância do próprio produto fabricado.

Obviamente que estou falando de CPFs. Mas não apenas isso: como naquelas famílias nas quais as crianças não são estimuladas a explorar, no caso da curiosidade, bastam pequenas atitudes desencorajadoras para que todo um CNPJ esteja comprometido.

Jenn Hyman, co-fundadora da Rent The Runway — a empresa que subiu o *closet* para a nuvem — conta que, aos 22 anos, quando trabalhava na rede Starwood e estava criando o primeiro *site* de presentes para lua de mel do mundo, recebeu de uma "chefe" o *feedback* de que deveria calar mais a boca e dar menos ideias. Ao sair chorando da reunião, encontrou um executivo-sênior que lhe deu o conselho de uma carreira: Jenn, continue fazendo o que você está fazendo, pois aquela mulher, um dia, terminará trabalhando para você.

> **Você costuma estar próximo de pessoas que te deixam desconfortável?
> De vez em quando é muito bom.**

Em seu livro *Pense de Novo*, Adam Grant sugere que, no que tange às escolhas profissionais, a curiosidade é mais importante do que a própria paixão, uma vez que os resultados mostram que o sucesso de empreendimentos está mais ligado à escolha de temas pelos quais somos mais curiosos do que apaixonados — principalmente quando descobrimos que existe uma grande diferença entre *hobby* e negócio.

E como seria essa empresa curiosa? Seria, primeiramente, uma empresa interessada em captar e estudar sinais, jogando os desconfortos para baixo do microscópio, e não para baixo do tapete. Segundo, seria uma empresa que utilizaria o planejamento não como forma de confirmação, mas como forma de desencaixar e desinventar. Terceiro, seria uma empresa em que cada processo deveria passar por um teste de necessidade de existência.

Quando criamos muitos processos, matamos este que é um dos principais ativos tanto de um CPF quanto de um CNPJ: a curiosidade.

Quando matamos
a curiosidade,
matamos a
criatividade.
Quando matamos
a criatividade,
matamos a
estratégia.
E quando matamos
a estratégia,
matamos
o negócio.

Comemorando pequenas desinvenções

Comemorar pequenas desinvenções é um dos melhores recados que você pode mandar para si mesmo. E, portanto, para o mundo.

Comemorar e agradecer andam na linha tênue da esperança equilibrista, e todo mundo tem esse artista dentro de si. Ou você acha que a fé não precisa que haja vento sem parar?

Agradecer é comemorar, e comemorar é agradecer. Comemorar é agradecer com balões e línguas de sogra, é transitar um pouco mais leve, e o Brasil nunca precisou tanto disso.

Comemorar pequenas desinvenções é deixar bem claro que você confia — que sabe que outras virão.

Comemorar pequenas desinvenções é como comemorar pequenas vitórias: é comemorar que a pizza chegou montadinha, que estreia uma nova temporada da série, que as flores da primavera já começam a aparecer.

Você já notou como seu time do coração comemora de verdade os gols, mesmo que ainda precise fazer mais?

Não comemorar pequenas desinvenções é deixar a vida escorrer pelos dedos, alimentando a ilusão de que uma grande vitória não é mais que a soma de todos os degraus que a gente precisa subir.

Ou você acha, de verdade, que alguma desinvenção é pequena?

> Jon Kabat-Zin, mestre da meditação, ensina o exercício da "gratidão dos dez dedos": para cada dedo de sua mão, lembre de uma coisa pela qual você é agradecido naquele dia. Pode ser simplesmente um abraço de seu filho, um beijo de sua esposa, ou a capacidade de respirar que, acreditem, de simples não tem nada.

Você acha,
de verdade,
que alguma
desinvenção
é pequena?

Vencendo sem precisar humilhar

Em meio ao barulho intenso dos motores na pista de Daytona Beach, em uma cena determinante do filme *Ford vs. Ferrari* (Estados Unidos, 2019), Carroll Shelby — o desenvolvedor de carros de competição interpretado por Matt Damon — grita a Leo Beebe, o todo-poderoso executivo de *marketing* da Ford: planos mudam!

> **Planos mudam: escreva esta frase todos os dias com o dedo no espelho embaçado do seu banheiro.**

Trata-se de reflexão fundamental provocada por um filme que, como toda boa obra, extrapola as fronteiras do entretenimento e faz alusões — neste caso, ao ambiente corporativo. Vivemos um tempo veloz, em que os planos não podem mais ser escritos à caneta e, no caso da cena acima, a esta análise pode ser somada uma situação tão delicada quanto comum: o que acontece quando duas pessoas-chave de uma mesma empresa têm objetivos diferentes?

Carroll Shelby queria desenvolver um carro perfeito, capaz de derrotar a Ferrari nas 24 horas de Le Mans. E para isso recomendava o único piloto que julgava hábil o suficiente para a velocidade que o carro necessitava — Ken Miles (personagem de Christian Bale). O piloto, por sua vez, já tivera um desentendimento com o executivo de *marketing* que, vendo-o prestes a vencer em Daytona (etapa preparatória para Le Mans), questionava o desenvolvedor se o plano não era "respeitar os limites do carro".

Respeitar a velocidade dos concorrentes é uma péssima fórmula para vencer, mas não é apenas disso que estou falando. Entra em cena o papel da liderança: a Ford havia tentado comprar a Ferrari, que escolheu ser vendida para a Fiat. Então Henry Ford II decidira que precisava derrotar Enzo Ferrari nas pistas. A criação de um departamento de competição tem, portanto, uma matriz pessoal.

E daí não é difícil perceber o quanto a vaidade pode atrapalhar a condução da estratégia: enquanto Enzo Ferrari não sai de perto da corrida, Henry Ford II toma um helicóptero em Le Mans para ir jantar em Paris, e quando volta, ao meio-dia seguinte, e percebe que o carro da Ferrari saiu da corrida, se encanta pela ideia do executivo de *marketing*: fazer o piloto Ken Miles desacelerar para emparelhar os três carros da Ford na pista e, ao cruzar a linha de chegada juntos, gerar uma foto histórica.

O erro final da liderança, pedir que um piloto desacelere para fins de imagem, tem o mesmo significado de um jogador de futebol que fica esperando para chutar a bola para o gol vazio: quando nossa meta é humilhar em vez de vencer, transmitimos a toda a equipe um exemplo sem significado algum. E nos demoramos para o passo seguinte, algo imperdoável em um mundo que surpreende e desinventa.

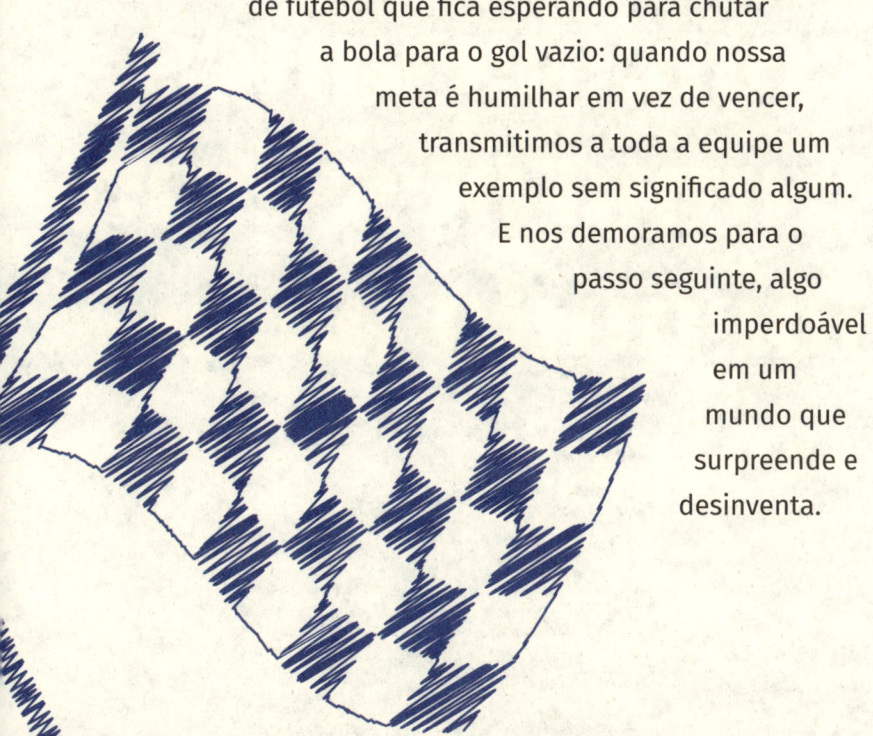

Respeitar a velocidade dos concorrentes é uma péssima fórmula para vencer.

Tendo instantes sabáticos

Sempre me fascinaram as histórias de pessoas que tiraram um "ano sabático". Pessoas que, por um período, deixaram seus empregos para perseguir um outro tipo de sonho — seja ele estudar, viajar, escrever um livro, prototipar uma ideia, aprender a tocar um instrumento ou mesmo exercer uma atividade voluntária.

Eu mesmo tirei meu ano sabático em 1996. Depois de juntar algum dinheiro e tendo a sorte de poder contar com uma importante ajuda de meus pais, embarquei para a Londres em que surgiam o Oasis e a doença da Vaca Louca para fazer uma pós-graduação na minha área e também trabalhar, fazer amigos estrangeiros, ler romances em inglês, ir a *shows*, beber Guiness, provar batata frita com vinagre, escrever cartas à mão, namorar e, claro, viajar bastante.

Sei das dificuldades desse tipo de projeto: falta dinheiro, falta senso de aventura, falta tempo (sempre faltará tempo, até que a gente faça tempo). Eu mesmo fiz isso apenas uma vez, mas sabe o que mais pode ser feito, e que, na soma, pode ter um efeito bem interessante? Tirarmos instantes sabáticos.

Sem um pouco de ócio criativo, ninguém desinventa nada.

Coloque na sua rotina um instante sabático, ou até alguns, por dia. Uma hora, meia hora, 15 minutos que seja para escutar música, ler poesia, fazer exercício, cozinhar, estudar, brincar com os filhos, meditar, transar, agradecer — e depois volte para a pauta.

Quanto mais vezes você fizer isso, mais distância necessária tomará dos processos repetitivos, e mais perto estará da percepção que nos faz desinventar.

Algumas empresas mais fora da curva, como a Netflix, permitem um gerenciamento de tempo mais individualizado, com novos tipos de controle sobre a produtividade. A Patagonia, fabricante de roupas e equipamentos para escalada, tem uma política "Go Surfing" de permitir que os colaboradores parem tudo para ir surfar, com a premissa de que o mar não marca hora para ter boas ondas e que, no retorno, a gente vem revigorado para criar.

Relembre aqui o último instante sabático que você tirou:

Nenhum? Deixe de ser **workaholic** e vá viver um pouco a vida!

Crie um novo "estado de espírito" — no final das contas, é disso mesmo que estamos falando — e estimule que pessoas do time façam o mesmo. Mesmo que não possamos tirar um ano sabático, quando abrimos tempo para cuidar de nós mesmos, nos reconectamos com instantes de felicidade, com instantes somente nossos.

Sempre faltará tempo, até que a gente faça tempo.

No plano A

Estamos acostumados a nos preocupar em ter um plano B, mas a verdade é que ninguém desinventa sem um plano A.

O plano A é desbravar, caminhar no desconhecido, dançar: ora com a meta, ora com a esperança. O plano B é um plano de perguntas e, muitas vezes, de perguntas erradas: e se acontecer isso? E se chegarmos tarde? E se der errado? — um plano de desculpas.

O plano A não faz tantas perguntas. Quando pergunta, pergunta "e se der certo?".

Plano A é plano estratégico. Plano A é plano de vida. Plano A é apostar alto, é *all in*, é pagar o preço.

O problema do plano B é o mesmo problema do jogador ruim: se estiver no plantel, treina. Se treinar, escala. Se escalar, farda. Se fardar, joga.

Walt Disney desenhou a Branca de Neve sem um plano B. Steve Jobs inventou o iPhone sem um plano B. Tom Jobim compôs *Wave* sem um plano B. Garrincha não combinou com os russos, por isso não tinha um plano B.

Fique longe de quem sempre pergunta a você por um plano B, mas nunca pelo plano A.

Faça seguro de vida, mas não faça tantos planos B: a gente fica mais comprometido e focado. Afinal, muitos sobrevivem sem um plano B, mas ninguém desinventa sem um plano A.

> Walt Disney levou sete anos para criar e lançar o filme Branca de Neve. Não o fez enquanto os desenhos não estivessem perfeitos. Seus ilustradores tinham até medo de fazer reuniões com ele e, para extravasar, criavam desenhos pornográficos entre a Branca de Neve e os anões.

Experi-mente viver sem um plano B.

Recomeçando do meio

Fazer o movimento de desinventar — que é esvaziar o HD das coisas que tomamos como verdade e abrir espaço para as novas ações — é nos oportunizarmos uma renovação. E também uma revolução sem precedentes.

Desinventar é antecipar o fim e, com isso, postergá-lo. Ao fazer isso, preservamos a safra. E abrimos espaços de reinvenção.

A vida recomeça várias vezes, e reinventar é recomeçar do meio. Para reinventar, é preciso desinventar.

Só quem desinventa, inventa de novo.

> **Quanto desinventamos, nos tornamos mais leves. Quando desinventamos, dançamos valsa com o tempo.**

Seja você mesmo, e não um entrante, a reinventar o seu negócio. Faça isso quando as coisas estiverem bem: mexer em time que está vencendo é vender na alta.

Se desinventar for primeiro disciplina, e depois hábito, será um atalho para a visão periférica.

Questione como sua empresa vem fazendo as coisas, lembrando que o que nos trouxe até aqui não necessariamente será o que nos levará daqui em diante.

Muitas vezes, inclusive, a melhor maneira de voltar ao jogo é recomeçar do meio. Como fez a Gatorade.

Quando a Pepsico comprou a Gatorade, no começo dos anos 2000, usou uma estratégia de distribuição massiva: você encontrava o produto em todos lugares, e ele passou a ser usado em situações distantes daquelas para as quais foi criada. Você usava para beber com pizza ou curar ressaca.

A crise financeira de 2008 derrubou as suas vendas, pois o produto tinha baixo valor agregado, e as pessoas pararam de gastar nisso.

Isso coincidiu com a entrada de Sarah Robb O'Hagan como Chief Marketing Officer (CMO) e a criação da campanha G, com mudança do logo.

Após a campanha, no entanto, as vendas despencaram mais. Faltava inovação para o reposicionamento.

Sarah havia aprendido em sua carreira na Nike que uma das melhores maneiras de definir e resolver um problema era estreitar o foco.

Após muito estudo com consumidores percebeu que o *target* fiel (o esportista) precisava de bebida não apenas durante, mas também antes (hidratação) e após o esporte (proteína).

Então criou a G Series, e recomeçou do meio, desinventando toda a categoria, migrando de concorrer com Powerade, em um mercado de US$ 6 bilhões, para disputar uma fatia em um mercado de US$ 70 bilhões.

Acesse o QR code e assista meu video contando um pouco mais de como a Gatorade recomeçou do meio.

paginas.grupoa.com.br/desinvente/Gatorade

Desinventar é antecipar o fim.

E, com isso, postergá-lo.

Sendo mais insensato

Em uma cena inspiradora da série *La Casa de Papel*, o personagem Sergio (O Professor), pergunta ao personagem Berlim, seu irmão: "quem está falando agora? O cérebro de alguém planejando um roubo? Ou o cérebro de uma criança?"

Trata-se do momento em que Berlim está apresentando a ele sua ideia de roubar o ouro do Banco da Espanha, transformando-o em pó e transportando-o para fora do banco por canos d'água com ajuda de uma bomba de pressão; e quando Sérgio começa, de modo sensato, a apresentar uma série de fatores que podem derrubar a ideia — e faz a pergunta acima —, Berlim responde: "O cérebro de uma criança. Com muita honra!".

E continua, dizendo que ninguém o fará perder a esperança. Porque só assim, com imaturidade intencional, podemos alcançar grandes coisas. O tipo de coisas que os outros, pessoas maduras, sérias, nunca conseguem. Não podem nem imaginar, porque são todos muito sensatos.

> Bernard Shaw costumava dizer que o homem sensato adapta-se ao mundo, enquanto o homem insensato insiste em tentar adaptar o mundo a si. E que, sendo assim, qualquer progresso se deve ao homem insensato.

Walt Disney foi insensato ao imaginar — e criar — um mundo onde os sonhos se tornam realidade. James Dyson foi insensato ao imaginar um aspirador sem o saco. Michael Dubin foi insensato ao criar um modelo de assinatura de lâminas de barbear, por US$ 1 ao mês. Joe Gebbia foi muito insensato ao supor que as pessoas colocariam fotos de seus espaços mais íntimos em anúncios para hospedar estranhos.

David Bowie foi insensato ao criar — e depois matar — mais de 10 personagens em menos de 10 anos de carreira. Elon Musk e Jeff Bezos e Richard Branson estão sendo insensatos em querer explorar o turismo espacial. Michael Dell também foi insensato. Steve Jobs o foi diversas vezes.

A diferença entre as coisas que já existem e as coisas que ainda não existem é, justamente, até onde as pessoas estão dispostas a ir antes de parar de acreditar em algo. Mesmo que isso demande um pouco de insensatez. Principalmente, aliás.

Chip Wilson, criador da Lululemon, é uma dessas pessoas.

A Lululemon foi a primeira marca de roupas esportivas que você podia usar para passear, ir ao *shopping*, ao supermercado, o que não era comum até os anos 1990: você colocava sua pior roupa para ir à academia.

Chip Wilson vivia no Canadá, a mãe era costureira, e ele acreditava que, quando via algo três vezes, deveria prestar atenção. Aconteceu isso com a yoga (leu um artigo, viu um pôster, escutou uma conversa num café). Foi a uma aula de yoga, analisou os corpos, e viu o *fashion* possível. Viu que podia fazer esse tipo de moda. E viu que a turma foi de seis a 30 alunos em um mês, e que o mercado cresceria (isso em 1997).

Ele pensou: uso essa informação que tenho, conecto os pontos e desinvento algo? Mais ainda: viu que 60% das pessoas que saíam das faculdades eram mulheres, que teriam bons empregos, apartamentos, interesse por moda. Hoje, a marca vale US$ 14 bilhões.

E a pandemia aumentou muito as vendas da Lululemon, pois o tipo de roupa *athleisure* passou a ser muito usado em casa (se sentir bem e confortável) e para *home office*.

Aliás, uma pequena insensatez: para chamar atenção na inauguração da segunda loja, em Vancouver, a marca ofereceu uma peça de roupa aos 30 primeiros clientes que entrassem pelados.

Acesse o QR code e assista meu video diretamente da Lululemon, contando um pouco mais os detalhes desta história.

paginas.grupoa.com.br/
desinvente/Lululemon

Só quem desinventa, reinventa.

Sendo sem precisar dizer

Recentemente eu estava em uma reunião com o time de gestores de um cliente, avançando na discussão sobre o alinhamento de seu propósito — parte importante na realização de um planejamento estratégico.

Quando estávamos sintonizando a "frase", uma das sócias sugeriu que tirássemos o adjetivo e deixássemos apenas a base. Tratava-se de um daqueles adjetivos que qualificava a marca, como "legal", "feliz", "contemporânea", "inovadora", "diferente" — o qual deixamos de lado imediatamente após o argumento dela: "quando a gente é, não precisa dizer".

> Quando a gente é _____
> não precisa dizer.
>
> (Complete com qualquer coisa: bonito, rico, famoso, querido, amado)

Eu estou sempre aprendendo (e desaprendendo) com meus clientes, e este é um ensinamento que, neste momento de mundo, serve não apenas a empresas, mas principalmente às pessoas que as compõem.

Muitos de nós passamos boa parte do tempo (boa parte mesmo: consulte seu histórico de horas de uso das redes sociais) nos preocupando em provarmos algo: que estamos felizes, que temos namoradas, que temos um bom carro, que moramos bem, que viajamos bastante, que nossos filhos são feras — e quanto mais tentamos provar, mais nos afastamos da essência. Pense no tempo "real" que você deixa de aproveitar quando interrompe um momento para trocá-lo pelo virtual.

Esse hábito, em efeito cascata, joga no time contrário da produtividade: dificilmente, ao produzirmos o virtual, não permaneceremos um bom tempo checando se existe algo de novo nas reações, o que nos afasta do que realmente importa.

É claro que registrar é legal, que seguidores nem sempre são perseguidores, que compartilhar bons momentos também fala de felicidade, que mostrar felicidade também gera uma boa energia no mundo, que estimular para o esporte conduz à saúde, que gerar conteúdo inspira ao estudo, e que mostrar novos lugares estimula pessoas a serem mais curiosas.

Mas, se possível, pense em acertar a medida: guarde mais luares nos olhos, mais abraços na alma, mais momentos nas memórias, mais conversas no pé do ouvido.

Quando a gente é, não precisa dizer.

k. Não trabalhando só com o que você ama

Recebemos, com cada vez mais frequência, as mesmas variantes do mesmo conselho: trabalhe com aquilo que você ama. É inclusive famosa a frase "trabalhe com o que você ama, e nunca mais precisará trabalhar". Mas o que acontece quando aquilo que a gente ama termina não nos levando a desinventar nada?

Pesquisadores da Universidade de Stanford recentemente finalizaram um estudo cujos achados não chegam a ser surpreendentes: ao contrário do conselho padrão, e em que pese a importância do propósito empresarial — e da necessidade urgente de as empresas começarem a resolver problemas de verdade —, grande parte dos profissionais e também de empresas bem sucedidas tiveram sucesso em uma atividade pela qual não eram apaixonados.

E o motivo é quase sempre o mesmo: é plenamente possível ir se apaixonando por algo no qual vamos nos tornando cada vez melhores.

Esquecemos, por outro lado, que trabalho é diferente de *hobbie*: colocar no nosso trabalho a mesma energia e disciplina que colocamos num *hobbie* é uma fórmula para o fracasso, e muitas das atividades ligadas às artes, infelizmente, não trazem retorno financeiro algum. Principalmente em países como o Brasil.

O mesmo se aplica ao plano pessoal: imagine quantos casamentos se mantiveram de pé fundados na base da paixão avassaladora? Agora faça um teste: quantos dos casamentos duradouros ao seu redor nem sempre começaram com pessoas urgentemente apaixonadas, mas sim com dois seres humanos dispostos a desaprender e desinventar incrementalmente o sentido de conquistar (e mesmo perder) um pouco a cada dia?

Num mundo de aprendizagens possíveis, em que o desafio de aprender um ofício (já se fala em contratação sem diploma) é bem menor que o de não perder o foco, temos cada vez mais condições de encontrar um trabalho com o qual temos afinidade. Deveríamos, no fim das contas, prestar mais atenção nos caminhos que nos levam aos sucessos possíveis do que na estrada da utopia do amor que não paga nosso aluguel.

1

Com *Bohemian Rhapsody*

Em uma cena instigante do filme *Bohemian Rhapsody* (Estados Unidos, 2018), enquanto assistem a reprodução da performance de *Love of my life* no *show* do Queen no *Rock in Rio*, o personagem

Freddy Mercury confessa à personagem Lucy Boynton: "o Brian (Brian May, guitarrista da banda) disse que foi o maior público pagante da história. A noite toda, eu não sabia se eles entendiam o que eu cantava. E de repente, todos eles cantando. Milhares de vozes. Todos cantando para você. Porque é verdadeiro."

Trata-se da sugestão de que, quanto mais sincera, mais universal tende a ser uma mensagem. No plano empresarial, chamamos isso de propósito: uma empresa só cresce quando se propõe honestamente a solucionar. A Dollar Shave Club, vejam que interessante, se utilizou da experiência em teatro do fundador Michael Dubin para criar comerciais surreais (do tipo uma menina barbeando a careca do pai) que mostravam que poderíamos nos barbear sem precisarmos de camadas ultraespeciais de lâminas — por US$ 1 ao mês.

Como resultado, o *share* da Gilette caiu quase 40% e a Dollar Shave Club foi vendida por mais de US$ 1 bilhão para a Unilever.

Um pouco antes, no filme, em uma acintosa discussão com Ray Foster, da EMI, que predefine *Bohemian Rhapsody* como um lamento semilírico de seis minutos composto de palavras sem sentido, os membros da banda fincam pé em gravar um *single* da música — que é recebida por *Rolling Stone* e *Time Magazine* como um desastre.

Trata-se de outra lição do Queen: a capacidade de não reproduzir a maneira consagrada de fazer as coisas, preferindo a originalidade à cópia e a incerteza à aversão ao risco. Bem como fizeram, antes e depois deles, David Bowie, Lady Gaga, Spotify, Airbnb, Lyft, Uber, Method, Rent the Runway, Lululemon, Drybar, Starbucks, Instagram, Five Guys, Zappos, Wikipedia, Dell, Waze e todos empreendedores que desinventaram completamente a forma como uma indústria viria a funcionar.

Porque o público tem o senso para aplaudir verdade e coragem: o *single* Bohemian Rhapsody vendeu mais de 1 milhão de cópias em tempo recorde, enquanto a *Time Magazine*, que 10 anos antes previra que compras à distância nunca seriam populares, 10 anos após faria uma nova previsão: a de que uma empresa chamada Apple não passaria de uma bagunça sem visão estratégica e sem futuro.

Quando a gente desinventa, o público aplaude.
Porque desinventar tem verdade e coragem.

Sendo vulneráveis

Em muitos momentos, nos tornamos vulneráveis. Disso não resta dúvida. Mas o que pode acontecer quando percebermos que vulnerabilidade é potência?

Steve Jobs ficou vulnerável quando estourou a bolha da Internet nos anos 2000: as vendas do computador da Apple desabaram, e focar em um novo produto foi a alternativa que lhe pareceu possível. O produto ele chamou de iPod, e desinventou para sempre a indústria da música.

Imagino que a vulnerabilidade se expresse por várias formas, mas elas parecem transitar entre os polos de agir pelo longo prazo ou de se esconder detrás da cortina dos pretextos: de que nossa crise é pior que a dos outros, de que somos tão especiais, que coisas ruins acontecem apenas conosco. E se entendermos que vulnerabilidade é potência, podemos aceitar que ela pode tanto deprimir, quanto ser alavanca.

Já sei, Steve Jobs não conta, afinal era gênio, mas que dizer de um menino cujo pai quebrou a perna, ficou sem assistência e nunca mais conseguiu sustentar a casa? Ou de um pai que criou uma hamburgueria para trazer de volta os quatro filhos que a esposa levara para outro estado? Ou de um homem, que às vésperas de se reunir com investidores, recebe a notícia de que seu bebê precisa de uma cirurgia cardíaca extrema? Ou de um verdureiro que passa anos montando uma loja, e de repente perde tudo em uma enchente improvável?

Estar vulnerável não é um estado desejado, mas a vida é cheia de coisas que não desejamos. Ela escolhe o tempo todo por nós, mas também nos dá a escolha de nos posicionarmos diante do que ela escolhe: os que fundaram todas as marcas dos exemplos anteriores — Starbucks, Five Guys, Honest Tea e Whole Foods Market — também o fizeram porque superaram vulnerabilidades extremas.

Estamos diante de uma era inédita: uma era em que podemos transformar vulnerabilidade em criação exponencial, já que todos os dias pisamos a esteira de um tempo onde muito do que vivíamos não apenas pode, mas precisará, ser desinventado.

E desinventar, muitas vezes, tem que ser intimamente ligado a aceitar a vulnerabilidade e desapegar. Como fez a Gap, uma das principais marcas americanas.

A Gap praticamente doa o estoque e se desinventa por completo

Gap é uma marca que faz parte da cultura popular americana. Uma marca fundada nos anos 1960, em San Francisco, muito ligada à contracultura.

Em 1983, a Gap tinha 400 lojas, mas a receita não passava de US$ 400 milhões. Parecia uma loja de desconto com mercadorias feias. Havia uma espécie de "cegueira" interna com relação a isso. E os lucros começavam a cair, junto com o preço das ações.

Então, a marca se desinventou: a primeira medida foi "liquidar", de verdade, toda a mercadoria feia. Dar quase de graça, e criar caixa para comprar mercadoria boa. A visão nova da Gap era acreditar que o mundo precisava de marcas de preço baixo, bom gosto e estilo. E para isso era preciso lojas, lojas boas, com boa arquitetura.

Havia também um desafio de arquitetura de marcas. O nome Gap não tinha uma boa reputação, e a marca havia se cercado de uma série de submarcas que na verdade não estavam melhorando a experiência original.

Todas as marcas foram então eliminadas (menos Old Navy). A Gap se desinventou novamente, comprando melhores materiais, usando mais cores e mais *design*.

A comunicação também se desinventou, com uma campanha, em 1993, que mostrava pessoas como Miles Davis, Andy Wharol e Ernest Hemingway usando roupas bem parecidas com as que você encontraria na Gap. A campanha transformou a Gap em uma marca *cool*.

Passa ali no QR code e assiste eu contando um pouco mais dessa história, de dentro da Gap.

paginas.grupoa.com.br/desinvente/Gap

n. Procurando jóqueis

Existe, na prática da estratégia, um ditado clássico que é preciso estar atento para montar no cavalo da oportunidade — principalmente quando ele passa encilhado. E isso vem nos levando ao constante exercício de identificar por onde galopam esses cavalos.

Conta-se que, no século XIII da incrível Florença, o jovem Michelangelo provocou seu rival, o experiente Leonardo da Vinci, dizendo que, para conseguir terminar seu cavalo, ele deveria fazer como o próprio Michelangelo, com seu David: tirar da pedra tudo o que não era cavalo.

Michelangelo e Da Vinci tinham uma rivalidade incrível, alimentada por um fato também incrível: dois gênios vivendo na mesma época e em uma cidade pequena (e incrível) como Florença.

Fazendo uma analogia com o que ocorre oito séculos depois, hoje é o próprio ambiente — com o 5G, o metaverso, as plataformas e as criptomoedas, a inteligência artificial e a automação, a Alexa e a Siri — que se encarrega de tirar os cavalos dos bits e colocá-los com velocidade nas estradas digitais. A tecnologia virou Michelangelo, de modo que invertemos a lógica: num mundo de muitos cavalos, hoje precisamos descobrir onde estão os jóqueis.

Um jóquei precisa ser leve, veloz e corajoso. E são justamente as empresas com essas qualidades que despontarão na disputa cabeça a cabeça.

> **Uma empresa leve é uma empresa apenas com o tamanho necessário, sem gavetas sobrando.**

Uma empresa veloz é uma empresa sem medo de desinventar, trocar a escrita na pedra pelo planejamento a lápis. E uma empresa corajosa é a que quer a verdade, mesmo que a verdade signifique antecipar o final de ciclos.

Mas somente se consegue uma empresa assim se ela também for conduzida por jóqueis. E os jóqueis de hoje possuem dons complementares: são determinados e curiosos. Permeáveis e autodidatas. Possuem *hard skills* e *soft skills*. Pedem *feedback* e prestam atenção. Erram, mas não vivem atrás do erro. E estão chegando aí, dispostos a nos despertar para o renascimento, principalmente porque compreendem que a diferença entre algo que já existe e algo que ainda não existe é a distância até onde cada jóquei está disposto a ir antes de parar de acreditar naquele cavalo.

Uma marca, aliás, que precisou muito de jóqueis foi a SoulCycle. Trata-se de uma marca desinventou um setor e criou um modelo único de experiência baseado no relacionamento com o cliente. Mas um modelo que, sem jóqueis, ela não conseguiria escalar.

SOULCYCLE

A SoulCycle redefiniu a forma de esporte *indoor* nos Estados Unidos. Antes dela, tínhamos academias com uma *twisted experience*, faturando em cima de alunos que pagavam semestralidade e não apareciam: um setor de academias acumulando faturamento sem prestar serviços.

A SoulCycle criou o conceito de bicicleta *indoor* com pagamento mensal ou por ocasião de uso. E com uma nova experiência: mais *design*, mais música, mais relacionamento. As pessoas da recepção eram treinadas para perguntar sobre os alunos, onde estiveram nas férias, como foi o aniversário do namorado.

Criou inclusive uma *brand* de roupas. Em poucos anos, foi vendida por US$ 180 milhões para a Equinox. Mas experimentou a dificuldade de escalar essa experiência.

A pandemia, de outro lado, fez a empresa perder muita receita, principalmente para *players* com proposta *on-line*, como Peloton.

A entrada da nova CEO Evelyn Webster, no meio da pandemia, gerou adaptação do modelo (*studios outdoor* e proposta *in-home*), rearranjo da cultura de RH e a volta de de antigos ciclistas.

O que fez a SoulCycle retomar a receita, nos ensinando que a experiência de aproximar continua sendo cada vez mais lucrativa.

Acesse o QR code, e me assista documentando essa história lá mesmo na SoulCycle, uma história que eu sempre quis documentar.

paginas.grupoa.com.br/desinvente/SoulCycle

Uma empresa corajosa é a que quer a verdade, mesmo que a verdade signifique antecipar o final de ciclos.

2.3 Onde desinventar?

a. Em cima da bicicleta invertida

Alguns anos atrás, o engenheiro Destin Sandler foi chamado por colegas de trabalho soldadores que queriam lhe "pregar uma peça". Eles apresentaram a ele uma bicicleta invertida: ao contrário das bicicletas comuns, nesta, quando você girava o guidão para um lado, a roda movia-se para o outro.

Com a confiança de algumas décadas no domínio de uma bicicleta, Destin calculou que rapidamente daria conta do recado. No entanto, quando subiu pela primeira vez na bicicleta invertida, mal conseguiu se manter em cima dela. Frustrado, teve uma revelação: seu pensamento estava em uma rotina, e a bicicleta gerou um *insight*. Ele tinha o conhecimento de como operar uma bicicleta, mas não tinha o entendimento. E concluiu: conhecimento é diferente de entendimento.

Muitas vezes, em nossas empresas e mesmo em nossas casas, acreditamos que entendemos tudo. Acreditamos inclusive que entendemos certas coisas que mal começamos a conhecer. O que nos gera o que costumo chamar de "crenças de concreto": tão sólidas que, quando se torna inevitável desmontá-las, só conseguimos com muita sujeira e barulho.

No livro *Tudo o que você pensa, pense o contrário*, Paul Arden sugere que devemos desapegar constantemente de certos hábitos "sensatos", subverter hierarquias, e abraçar o risco como um fator paradoxal de segurança. No caso da bicicleta invertida, você olha para ela e tem certeza de que é muito fácil.

Destin levou a bicicleta a muitas conferências e palestras e chegou a oferecer US$ 200 para quem conseguisse pedalar três metros — o que, claro, ninguém conseguiu.

E como ele próprio conseguiu? Desinventar é um processo constante e nada fácil, pois requer esforço todos os dias. Durante oito meses, Destin treinou cinco minutos por dia e, ao final, dominou a arte de pedalar na bicicleta invertida, e hoje circula com ela pelas ruas de Amsterdã.

Quando transformamos disciplina em rotina, e rotina em hábito, somos capazes de desinventar a forma como funcionam nossas hierarquias mentais. Rompemos a superfície do mero conhecimento para nos aprofundarmos no entendimento verdadeiro. Desinventamos tanto que, assim como Destin, já não conseguimos mais pedalar da forma antiga.

Quando desinventamos, já não conseguimos funcionar da forma antiga.

No "propósito gentileza"

A Ben&Jerry's, com seu *slogan* "Paz, Amor e Sorvete", distribuiu sorvete de graça para os 42 mil habitantes de Burlington, Vermont, quando completou um ano de sorveteria: não acreditava que pudesse chegar a tanto, e quis recompensar a cidade que a recebeu. Até hoje, a marca se orgulha de colocar os maiores pedaços de chocolate no sorvete.

A Zappos, empresa ícone do setor de venda *on-line* de sapatos, certa vez recebeu em seu *call center* um telefonema de uma pessoa que pensava ter ligado para a pizzaria. Antes de desligar, o atendente perguntou: que pizza você prefere? Então encomendou e enviou uma de mussarela para a casa do novo cliente.

A Lyft, precursora da Uber, percebeu que as famílias americanas gastavam US$ 9 mil por ano na manutenção de um carro que passava 96% do tempo parado. E criou um modelo de preço acessível, em você é convidado a sentar não atrás, mas ao lado do motorista, como se estivesse recebendo uma carona (*lift*, em inglês).

A Patagonia, fabricante de jaquetas, é uma das únicas marcas que coloca fechos destacáveis em seu produto. Porque, se o fecho estraga, você pode substituí-lo, em vez de precisar comprar uma jaqueta nova. (A empresa ficou conhecida pela campanha "Don't buy this jacket").

Em Porto Alegre, cidade onde vivo, tem um rapaz de camisa branca e gravata borboleta que vende paçoquinha na sinaleira. Ele carrega um cartaz que diz "quero ser empresário, tudo tem um começo", e quando você compra uma paçoquinha, ele te dá mais uma para fidelizar.

O restaurante de onde peço comida no final de semana entrega a encomenda com um bilhete escrito à mão, desejando que aproveitemos o almoço. O verdureiro que vende em meu condomínio não cobra pelo papaya adicional que a gente escolhe.

Em tempos hostis, a gentileza continua sendo a mais poderosa das narrativas.

Conta-se que, numa das primeiras lojas da Nordstrom, no Alasca, entrou um consumidor com quatro pneus nas mãos, querendo devolvê-los. Quando o vendedor se preparava para dizer que a Nordstrom não vendia pneus (possivelmente o cliente comprara de uma antiga loja de pneus que ficava no mesmo local), o dono da loja o interrompeu, examinou a nota fiscal e devolveu o dinheiro ao cliente. Depois, disse ao vendedor que não queria que nenhuma pessoa que entrasse na loja fosse embora dali insatisfeita. E assim se criou um propósito de marca, e uma cultura de atendimento ao cliente. Uma cultura baseada no propósito gentileza.

Acesse o QR code e confira meu vídeo contando essa história lá mesmo, na Nordstrom.

paginas.grupoa.com.br/desinvente/Nordstrom

A gentileza continua sendo a mais **poderosa das narrativas.**

Com marcas que começam pelo conteúdo

Publicado pela primeira vez em 1900, o *Michelin Guide* talvez tenha sido o grande precursor da presença do conteúdo na estratégia de uma marca. Ao criar um guia que orientava os compradores de pneus sobre locais para almoçar ou jantar na estrada, a marca conseguiu ampliar sua percepção e desinventar uma categoria.

Mais de 100 anos depois, ter conteúdo associado à marca tornou-se uma condição fundamental. Mas eu enxergo que, mais importante do que isso, será uma sutil inversão: em vez de ter conteúdo associado à marca, ter a marca associada a conteúdo.

Marcas como Away (malas) e Glossier (cosméticos), por exemplo, desinventaram seus setores não apenas pela promessa de um produto inovador, mas pelo fato de estarem também "ensinando" seus clientes, incentivando-os a aprender por meio DO produto e, com isso, ampliando a experiência e também a recomendação.

Com a tendência DIY (Do it Yourself) em alta, impulsionada por ferramentas de autoaprendizagem (o YouTube e o TikTok são exemplos), bancos, lojas, universidades, montadoras, hospitais, cafeterias, a indústria do vestuário — todos terão oportunidade de interagir mais com seus clientes.

O aprendizado para dentro é, hoje, *default*. A inovação vai estar em transformar negócios para que sejam fontes de aprendizado para todos os públicos.

> **Devemos começar, cada vez mais, a ver empresas interagindo com clientes por meio da educação. Não serão mais apenas vendedores: serão também curadores e educadores.**

Vai ser sensacional: Starbucks vai ensinar a fazer café, Levi's vai ensinar a fazer *jeans* (e as pessoas imprimirão *designs* da marca em impressoras 3D dentro de casa). As marcas vão virar curadoras e transformar seus produtos em tema de aprendizagem, diálogo horizontal e, por isso, vão gerar mais consumo. E vão formar pessoas. Um hospital vai ensinar medicina. Uma montadora vai ensinar engenharia. O autodidatismo veio para ficar, e as marcas se tornarão editoras de conteúdo.

Não importa o tamanho da sua empresa e nem o segmento em que você está. Se conteúdo não fizer parte de sua oferta, fará parte da próxima compra de seu cliente. Isso é muito claro e precisa estar previsto na sua estratégia. Aliás, é uma ótima forma de se desinventar.

A Glossier é um belo exemplo de uma marca que começou pelo conteúdo: uma marca que teve início como um *blog* de maquiagem e que depois ganhou vida com produtos que se expandiram ao redor dos Estados Unidos. E com uma pegada parecida com a do *blog*: se no *blog* você tem todos produtos descritos para conhecer, na Glossier eles estão disponíveis para você testar, o que não é possível em concorrentes como Sephora (que talvez por isso não tenha fila na porta, como a Glossier).

Passa ali no QR code e assiste eu contando um pouco mais dessa história, de dentro da Glossier.

paginas.grupoa.com.br/desinvente/Glossier

d/ Com marcas que desaprendem

O que Lego, Best Buy, Campbell Soup, Gap, Target, Gatorade, NeimanMarcus, Nordstrom, Apple, Warby Parker, Dyson, Dunkin, Disney, Lululemon e Peloton têm em comum?

São marcas que, em algum momento de sua trajetória, desaprenderam. E, com isso, puderam se desinventar e — em alguns casos — inclusive se reerguer, transformando não apenas a si mesmas, mas a própria indústria da qual fazem parte.

Venho estudando, viajando e experienciando essas marcas. E o que percebi foi um ponto comum associado a essa capacidade de desaprender e se abrir para o novo: a habilidade de desapegar de crenças, da maneira como as coisas vinham sendo feitas.

A história dos movimentos dessas marcas nos inspira a incorporar o desaprender em nossas estratégias. Entendendo que desapegar de crenças significa receber a impermanência de braços abertos. Estar em movimento, acompanhando, reagindo e, quem sabe, até antecipando a mudança em cujo trem a gente precisa, bem cedo, embarcar.

Alguns desses movimentos, você já leu neste livro. Um deles, é o da Warby Parker.

A Warby Parker é uma daquelas marcas que desinventaram as ideias de outros. Cansados de perderem óculos e gastarem uma fortuna para repô-los, quatro colegas de Wharton criam uma marca que vende óculos *on-line*, com modelos unissex, *design* fora da curva, preços baixos e um componente social: a cada par de óculos vendidos, eles dão um de graça para alguém que necessita e não pode pagar. O sucesso é tamanho que eles passaram a ter lojas físicas, como a que mostro nesse vídeo onde conto mais dessa história.

Acesse o QR code para assistir.

paginas.grupoa.com.br/
desinvente/Warby_Parker

e / Onde nascem as estrelas

Em uma cena tocante do filme *Nasce uma Estrela* (EUA, 2018), o personagem de Bradley Cooper aconselha a personagem de Lady Gaga: "se não vier do fundo de sua alma, não vai durar muito tempo. Se você não disser a verdade, está ferrada. É só você e o que você tem a dizer, e as pessoas não vão escutar você para sempre".

Trata-se de profunda lição de singularidade e propósito. Mas trata-se, sobretudo, de um discurso de liberdade: tendemos, tanto no plano pessoal quanto empresarial, a provocar as reações marcantes justamente quando damos a nós mesmos a permissão de tirar o *pitch* de dentro da alma.

Mais adiante no filme, mesmo exposta a uma situação embaraçosa quando recebe o Grammy de artista revelação, a personagem enfrenta seu empresário — alguém que preferia comandar do que criar — e cancela sua primeira turnê internacional por recusar-se a se afastar da pessoa em quem mais acreditava. E tal cena, extrapolando em verossimilhança, fala muito de como o empreendedorismo com propósito é recorrente entre as mulheres, ainda que, mesmo elas representando 80% das decisões de compra no mundo, o clube dos capitalistas de risco ainda tenha uma *membership rate* de

90% de homens, para os quais muitas estrelas promissoras ainda precisam provar para conseguir incentivo, ou mesmo respeito.

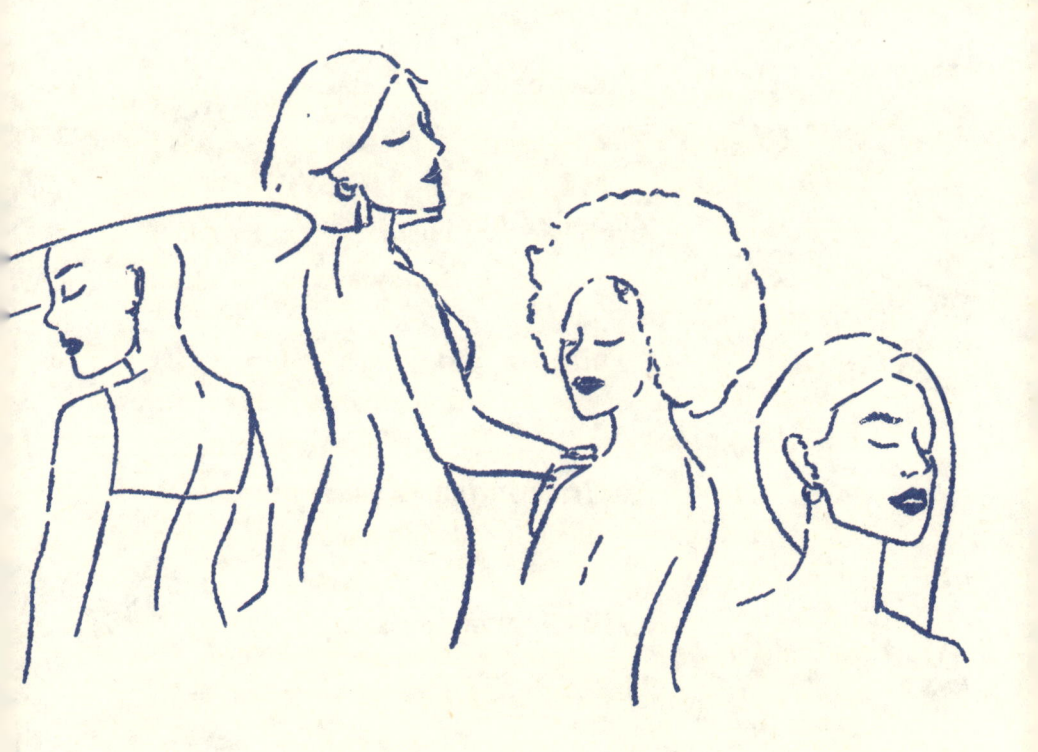

A Lady Gaga de verdade foi precursora em utilizar as redes. Não vacilou em superstição e martelou um espelho em dezenas de pedaços para colá-los num *outfit* de calças largas.

Kim Jordan inspirou-se em cervejas belgas para criar a New Belgium Beer, uma das principais marcas de cerveja artesanal dos Estados Unidos.

Barbara Corcoran
desinventou o mercado de imóveis.

Kate Spade, o de bolsas.

Michelle Obama, a política.

Luiza Trajano, as lojas.

Elisa Tramontina, os talheres.

Elis Regina, a música.

Edith Travi, o iogurte.

Eva Sopher, o teatro.

Prestem atenção nas estrelas. Abram espaço para elas e aprendam a desinventar com elas. Existem constelações prontas para brilhar.

Sabe quem mais é uma dessas estrelas? Alli Webb, fundadora da DryBar. Com uma habilidade incrível em fazer escova para vizinhas e amigas, indo de carro à casa delas com seu bebê dormindo no banco traseiro, essa jovem da Florida criou um conceito inovador em salão de lavagem e secagem rápida, ganhou mercado nacional, abriu 140 lojas e estabeleceu uma tendência presente no mundo inteiro, inclusive no Brasil. E depois vendeu a empresa por US$ 255 milhões para a Helen of Troy — dona de marcas como Honeywell, Braun e Vicks —, que criou uma bem-sucedida extensão de marca com linha de produtos Drybar para o varejo.

Acessa aqui o QR code para me assistir contando um pouco mais desta história.

paginas.grupoa.com.br/desinvente/DryBar

Com os adultos crianças

Você os conhece, eles andam por aí fantasiados de adultos: chegam na hora, cumprem prazos, dizem a verdade, não têm medo de levantar a barra.

Adultos crianças inventam jogos de tabuleiro com peças que ainda não existem, e criam as realidades nas quais você viverá em breve. Adultos crianças não costumam se agarrar a coisas que funcionam e por isso estão sempre vendendo na alta.

Adultos crianças assumem — ou pelo menos aceitam — riscos. Sabem que erros são a consequência inevitável de se fazer algo novo, que é difícil ser criativo no previsível e justamente por isso tratam o novo como bichos de pelúcias que precisam ser acariciados, alimentados e cuidados — até que devam ser rasgados, remendados e jogados para o mundo.

> Você os conhece, eles andam por aí fantasiados de crianças: riem por pouca coisa, não conhecem ditados, perdem a noção do tempo e insistem no que querem de verdade sem saber que não podem conseguir (e quase sempre conseguem).

Eu conheço dois tipos de adultos crianças: os que nunca deixaram de sorrir e brincar como crianças e os que, em algum momento, conseguiram se reconectar com pequenas atitudes das crianças: do tipo cantar pela casa, elogiar do nada e de repente duvidar menos. Me enquadro nesse segundo tipo, mas casei com uma pessoa do primeiro tipo.

Adultos crianças tratam os sonhos como um capítulo à parte. Dentro das empresas, são aqueles que escutam "vá com calma, isso está muito além da cultura da empresa, se ninguém nunca fez, é porque não é para ser feito" — dito por pessoas que geralmente acabam trabalhando para eles.

Adultos crianças têm mente de iniciante. Aliás, puxaram isso das crianças, que desinventam o tempo inteiro e por isso têm o friozinho na barriga de sempre recomeçar.

Para desconforto da audiência, estou, de fato, sempre cantando pela casa.

Adultos crianças têm mente de iniciante. Aliás, puxaram isso das crianças.

Com gente de muitos sonhos

Sempre existiu, sempre foi assim: gente de poucos sonhos e gente de muitos sonhos.

Gente de poucos sonhos costuma ter dificuldade para sair da cama e muitas vezes se pergunta se é mesmo preciso fazê-lo. Gente de muitos sonhos tem pauta corrida e foco: um minuto a mais aqui é um minuto a menos lá.

Gente de muitos sonhos às vezes nem sonha tanto: sabe que é hora de baixar a cabeça e fazer as coisas que precisam ser feitas; nem sempre agradáveis — mesmo quem ama o que faz, não ama sempre tudo o que faz. Gente de poucos sonhos, paradoxalmente, passa o tempo todo sonhando.

Gente de poucos sonhos não começa nada, com medo de fracassar. Gente de muitos sonhos sabe que o tempo inteiro é preciso começar coisas que poderão fracassar.

> **Gente de muitos sonhos está sempre vibrando com o sucesso dos amigos de muitos sonhos. Gente de poucos sonhos, sempre se comparando.**

Gente de muitos sonhos ri e chora. Faz esporte. Amassa os filhos com beijos. Canta pela casa.

> Anote aqui o nome de três pessoas de muitos sonhos que você conhece.
>
> 1: _____
> 2: _____
> 3: _____
>
> Faça o possível e o impossível para estar perto delas (e longe daquelas outras).

Gente de muitos sonhos pede opiniões de outras gentes de muitos sonhos e não acredita nas leis dos ditados. Se tem depressão, toma remédio. Gente de poucos sonhos tem medo da crítica e detesta surpresas. Gente de poucos sonhos sofre quando perde o controle.

Gente de muitos sonhos é pragmática: acredita na ciência, mas também reza. Sabe que quem não acredita em milagres não é realista.

Gente de muitos sonhos está aqui para inspirar e, provavelmente é quem vai fazer com que gente de poucos sonhos, um dia, acorde.

Adam Lowry e Eric Ryan, da Method, são gente de muitos sonhos.

A Method é a marca americana de produtos de limpeza que refez o conceito de "green doesn't clean". Aliás, eles fizeram um produto tão puro que, no *pitch* para vender em redes da Inglaterra, um dos fundadores até bebeu o sabão.

Eles acreditaram que não existia o conceito de *low interest category*, e sim de *low interest brands*. E o *design* dos produtos é fora da curva. Os dois fundadores, bem jovens, contrataram um dos maiores *designers* americanos: Karim Rashid. Mandaram um *email* para ele com o texto: queremos trabalhar com você para desinventar o detergente, um produto que está há 100 anos em todas as pias da América do Norte. Você trabalharia conosco? Ele respondeu sim, em um minuto. Os fundadores acreditam que fazer negócios é ir de um pequeno sucesso a outro, até exponencializar.

A Method é a prova de que não existe categoria de produtos que não pode ser desinventada, especialmente com a união entre *design* e gente de muitos sonhos.

Acesse aqui o QR code e me assista contando um pouco mais desta história

paginas.grupoa.com.br/desinvente/Method

Gente de muitos sonhos é quem vai fazer com que gente de poucos sonhos, um dia, acorde.

h Com os *improvers*

O que faz uma pessoa, ou uma empresa, desinventarem?

Estamos acostumados a associar crescimento com grandes movimentos. Mudanças repentinas que, embora possam fazer sentido e gerar impactos de curto prazo, precisam estar ligadas a melhorias constantes no sentido produtivo.

Carol Dweck, professora de Stanford, define, no livro *Mindset*, o que chama de *mindset* de crescimento: estarmos abertos a receber críticas e canalizá-las para a melhora incremental. Em sentido oposto, ela nos traz a noção de uma espécie de *mindset* fixo: um estado de comportamento rígido que nos limita o crescimento, pois nos faz prosperar apenas quando os movimentos são pouco desafiadores — segundo ela, pessoas com esse *mindset* tendem a perder o interesse se o desafio for grande demais.

==Existe, portanto, uma tendência: a de nos colocarmos em um desses dois extremos. Ou damos um grande salto, ou nos encolhemos de vez.==

Trata-se de um comportamento destrutivo, pois nos esconde uma oportunidade única: a de valorizarmos não apenas resultados, mas o esforço que despendemos para chegar a ele.

Improver

escada

Temos, por outro lado, a figura dos *improvers*: pessoas ou empresas tão dedicadas a buscar a melhoria constante que, quando percebem, subiram (um a um) degraus de uma escada aparentemente impossível. Pessoas que gostam de suas atividades e gostam ainda mais delas quando elas vão se tornando mais difíceis. Pessoas apaixonadas pelo problema: Nolan Bushnell, criador do Atari, costuma dizer que não se sente facilmente deprimido, mas sim facilmente desafiado. Michael Jordan não se enxergava como um jogador de basquete genial (embora fosse) e sim como alguém que não parava de se esforçar e crescer.

O que fará uma pessoa ou mesmo uma empresa desinventarem será, em grande medida, justamente isso: o hábito.

O *improver* subirá um degrau de cada vez

O que fará uma empresa desinventar será o hábito.

No *invert*

O *invert* é uma manobra do *skate* que me marcou muito, desde quando aprendi a executá-la, pelos idos de 1987. Trata-se de um movimento onde o *skatista* planta uma espécie de parada de uma só mão e, com a outra, segura o *skate* sob as solas dos pés; de modo que, se você tirar uma fotografia e girá-la 180 graus, verá um *skatista* pisando um *skate* no ar e segurando um mundo invertido num intervalo entre duas rajadas de som — com apenas uma das mãos.

A primeira coisa que percebi quando comecei a evoluir no *invert* foi que, para realizá-lo, você precisa mais de equilíbrio do que de força. Equilíbrio como o que precisamos naquelas situações em que estamos isolados nos virando com uma só mão e com os pés no ar com nossos trabalhos, nossos filhos, nossas finanças, nossa solidão, nossa esperança e nossas roupas para lavar.

Também aprendi com o *invert* que é preciso estar por inteiro, assumindo a responsabilidade. Certa vez um *invert* exagerado me rendeu uma fratura exposta no dedão da mão. Fiquei sem ir à escola mas também aprendi que colocar a pele no jogo é o suficiente para que a vontade de dar certo seja maior que o medo de dar errado.

Agora, e se pudéssemos nos inspirar no significado da palavra para nos permitir inverter certas lógicas? No livro *Tudo o que você pensa, pense o contrário*, Paul Arden nos sugere que façamos, e depois consertemos ao seguir em frente.

Existem, segundo ele, pessoas demais gastando tempo demais tentando aperfeiçoar alguma coisa antes de sequer fazê-la. Acho que deveríamos pensar um pouco nisso.

No *skate*, como em qualquer movimento empresarial ou político, a sucessão de tentativas e erros é que vai nos conduzindo enquanto criamos a estrada, e é possível, em tempos de interrogação, andar no caminho certo mesmo fazendo algumas escolhas erradas. Haruki Murakami costuma dizer que, se damos um giro e regressamos à beira de um rio, o rio estará diferente também porque nós mesmos mudamos. No *invert*, como na vida, já não existe voltar atrás. Muito menos, ser como era.

Um escritor incrível, autor de um livro que adoro: Do que eu falo quando falo de corrida. Para mim, com seu estilo de realismo fantástico com tempero de suspense, Murakami é o Gabriel García Márquez do Oriente.

É possível avançar na direção certa mesmo fazendo, momentaneamente, escolhas erradas.

Nas coisas que nunca fizemos (mas podemos fazer)

Quando me perguntam se faço algum tipo de trabalho, primeiro eu respondo que faço. E depois vou examinar, mais detalhadamente, se eu, de fato, já sei fazer aquilo. Quase sempre, só neste exame, já aprendo algo. Quase sempre é assim.

> Anote aqui alguma coisa que você fez pela primeira vez, sem saber de fato se sabia fazer.
>
> _____
>
> _____
>
> Nada? **Arrisque um pouco mais!**

Toda semana eu faço, para meus clientes, mesmo nos trabalhos que costumo fazer sempre, alguma coisa que nunca fiz antes. Converso com pessoas com quem nunca falei na vida, conecto-as com outras que poderiam ser úteis a elas. Tento ser curioso, manter a mente de iniciante.

"Posso fazer" são duas palavras mágicas que, de saída, nos colocam no compromisso de aprender a fazer algo. No plano pessoal, é dinamite na rotina. No plano empresarial, choque na inércia. Para desinventar, geralmente é assim.

Netflix e Google foram, um dia, pontos quase imperceptíveis no radar de Blockbuster e Yahoo — que inclusive tiveram chance de comprá-los (a preço de banana). E por que não o fizeram, podendo deixar que esses então pequenos pulsantes acelerassem seus batimentos corporativos? Porque, mesmo com idades diferentes, não quiseram arriscar por um caminho que nunca haviam tomado. (O que prova que a questão não é de idade, mas de mentalidade.)

Aprendi com um cliente meu que metas gigantes precisam ser quebradas em partes. Isso é estratégia. E vale muito para os desafios que não temos ideia de como concretizar: se você não se considera apto a aprender a falar mandarim, experimente tomar um tempo para conhecer uma palavra de cada vez.

Inteligência é o que a gente faz quando não tem ideia do que fazer, e o exercício de decidir sem consultar manuais é um dos passos mais próximos da filosofia de Peter Drucker de que, melhor que prever o futuro, é criá-lo. Dizer "nunca fiz, mas posso fazer" nos liberta da armadura do medo. E nos coloca em posição de dar um molde pessoal à camada de desafios do mundo.

"Posso fazer" são duas palavras mágicas que **nos colocam no compromisso de aprender a fazer algo.**

k

Naquele mundo melhor aqui mesmo

"Para você se tornar quem deseja ser", diz um músico de jazz ao jovem Elton John no filme *Rocketman* (Estados Unidos, 2019), "é preciso que você mate aquilo que um dia já foi".

==Quer definição de impermanência melhor que essa?==

Dizem que o oposto do amor não é o ódio, e sim a indiferença. Agora, imagine ter cinco anos de idade e morar em uma casa cujo pai (que não lhe abraça) não lhe deixa tocar na coleção de discos, e cuja mãe até conversa com você, mas sem tirar os olhos das próprias unhas — e o conselho do parágrafo acima se torna não uma impermanência natural, mas, no caso de Elton John, uma impermanência dolorosa.

O que acontece, portanto, quando desviamos um talento pela estrada errada? Quantas vezes fazemos isso em nossas empresas e casas, sem nem ao menos nos darmos conta de que, se ajudar não é nossa praia, deveríamos pelo menos não atrapalhar?

Depois que meus filhos nasceram, comecei a observar melhor as palavras que saem de minha boca (porque às vezes elas "saem" mesmo), e também fui, em aprendizado incremental, percebendo meu papel junto aos clientes. Sendo um profissional contratado para analisar oportunidades e ameaças e sugerir caminhos para potencializar vocações, passei a entender como é fundamental ser racional, mas também imaginativo. Pragmático, mas também vibrante. Âncora, mas também asas.

Em uma cena fundamental do filme, em meio a um *insight* em sua terapia de grupo, um Elton John devastado pelo álcool e drogas e amor não correspondido reencontra, de modo esperado (porque é justamente isso o que esperamos da terapia), o garoto que fora aos cinco anos de idade. E ambos, então, se abraçam: um ressuscitar daquilo que somos, um reencontro com nosso propósito.

Quando a Volvo abre mão da patente do cinto de três pontos e a libera para outras montadoras, ela reforça seu posicionamento de carro mais seguro do mundo. Quando a Lego decide que, até 2030, não usará mais plástico nos produtos, ela reforça o seu posicionamento de inovação. Criando um mundo melhor aqui mesmo.

Afinal Marte, como diz a música-título do filme, não é o melhor lugar para criar nossos filhos. E não há ninguém para fazê-lo — se nós, de fato, já o fizemos.

1. No novo discurso do dinheiro

Numa festa de casamento no livro *A Revolta de Atlas*, de Ayn Rand, o personagem Francisco D'Anconia, ao escutar um convidado afirmar que o dinheiro é a raiz de todo o mal, diz as sábias palavras do que ficou conhecido como o 'discurso do dinheiro'.

O dinheiro, afirma ele, é o código de comerciar dos homens de boa vontade, proprietários de sua mente. A homem honesto é aquele que sabe que não pode consumir mais do que produz — e temos assim, de saída, um ensinamento sobre reciprocidade que se aplica a pessoas, empresas e mesmo países: é preciso reinvestir para poder crescer. O dinheiro não compra a felicidade para o homem que não sabe o que quer. Não lhe dá um código de valores, se ele não tem conhecimento a respeito de valores, e não lhe dá um objetivo, se ele não escolhe uma meta.

Substitua objetivo e meta por *pitch* e propósito, e temos nas palavras publicadas em 1957 as fundações de um novo discurso do dinheiro — e, por consequência, daquilo que precisa ser erguido por qualquer empreendimento que almeje fazer a diferença.

No TED Talk mundialmente conhecido como *The Golden Circle*, Simon Sinek sugere que os consumidores não compram exatamente o que uma empresa produz, e sim a razão pela qual ela o faz. O que materializa exemplos como o do Lyft (precursor e concorrente do Uber nos Estados Unidos), que conectou a disposição das pessoas a dividirem caronas ao fato de que uma família americana gasta em média US$ 9 mil por ano com um carro que fica parado 96% do tempo — e valeu US$ 24 bilhões no IPO por estar no negócio de redesenhar as ruas para os pedestres.

Se no "discurso do dinheiro" é justamente a forma — corrupta ou honesta — de ganhá-lo (no país mais rico do mundo o termo é "fazê-lo") o que pode valorizar ou condenar toda uma existência, no novo discurso do dinheiro também conta o modo como o usamos para resolver problemas de verdade, uma vez que se ele não é raiz de todo o mal, de certa forma pode ser a base para a transformação positiva.

Como diz o personagem de Ayn Rand, ninguém pode ser menor do que o dinheiro que possui.

Ninguém pode ser menor que o dinheiro que possui.

Com as pessoas com quem você não está falando

Você já se perguntou por que algumas regiões são mais inovadoras, competitivas e desenvolvidas do que outras? Chama a atenção, no final das contas, como o sucesso tem relação direta com a autoestima histórica de um povo.

O Brasil é uma sociedade de pessoas com baixa capacidade de reflexão. Uma sociedade aristocrata e elitista, mas principalmente uma sociedade hierarquizada. A rigidez das estruturas sociais não permite uma forma de diálogo horizontal, e a verticalidade acentua um discurso no qual você precisa saber com quem está falando.

A diversidade em qualquer região é bem-vinda justamente pela capacidade de gerar vários ângulos de análise. E se conseguimos somar a ela o grau de autonomia para a tomada de decisões, temos chances reais de transformar um passado de baixa autoestima em uma cultura de acreditar nas ideias. E fazê-las dar certo.

Tomemos como exemplo o Estado de Israel. Ele teria tudo para ser uma terra de baixíssima autoestima. Uma pequena região cercada de inimigos que vai sendo formada por imigrantes sofridos, muitos dos quais perderam família e amigos e foram direcionados para uma terra onde não havia sequer água.

Mas um dos países mais militarizados do mundo também é, paradoxalmente, uma região de reduzida hierarquia, e, portanto, a conversa é tão horizontal quanto a ciência da responsabilidade de cada um em fazer um país inteiro dar certo. Não surpreende que a diversidade de opiniões e culturas forme riqueza por todo o ecossistema, e a liberdade para realmente qualquer pessoa ter *chutzpah* (ousadia, em íidiche) e arriscar permite inovações e marcas como o Waze, a Wix, a HP, a Mobileye, o Kindle e até o tomate-cereja.

Estamos vivendo um momento em que a autonomia se constitui na virada de chave para que mais pessoas sejam preparadas para construir um modelo empresarial diferente, com entrega e reciprocidade e propósito, e com mais oportunidades para que novas ideias partam de locais onde a vida não é uma espreguiçadeira na beira da praia.

Mas sabe com quem não estamos falando? Com o jovem que vende paçoquinha, com a senhora que faz sorvete, com a garota que replanta mudas, com a cooperativa das costureiras, com a turma que socorre pessoas de moto e com qualquer outro potencial empreendedor que, se puder ter um pouco mais de incentivo, pode criar a nova desinvenção que vai fazer com que todos nós tenhamos uma vida definitivamente melhor.

> Esses tempos, no centro da cidade onde moro, comprei uma trufa de uma menina que me abordou. Depois fiquei desconfiado: será que posso comer? Será que esta trufa é confiável? O nome da menina é Larissa. Sabe por que sei? Porque, dias depois, estava na capa do jornal ZH: como, vendendo trufas, Larissa conseguiu juntar dinheiro para ir estudar nos Estados Unidos.

ONDE DESINVENTAR?

Sabe co

você nã

está fala

n quem

o

ndo?

Quantos anos sua empresa teria se **não soubesse quantos anos tem?**

Quantos anos você teria se não soubesse quantos anos tem?

Com esta pergunta instigante, o fundador da Virgin, Richard Branson, nos convida, em seu livro *Screw Business as Usual*, a pensar sobre desinventar.

Quero terminar este livro fazendo uma reflexão parecida:

Quantos anos sua empresa teria se não soubesse quantos anos tem?

Se pudermos ter a mentalidade de iniciante, poderemos ter, para sempre, a idade dos iniciantes também.

Quando a gente desinventa, a gente zera o cronômetro.

Mais do que isso:

Quando a gente desinventa, a gente para o tempo.

Nada nu está rea pronto.

nca

lmente

Referências

ARDEN, P. **Tudo o que você pensa, pense ao contrário.** Rio de Janeiro: Intrínseca, 2008.

BRANSON, R. **Screw business as usual.** Londres: Penguin, 2011.

BROWN, B. **A coragem de ser imperfeito**: como aceitar sua própria vulnerabilidade. Rio de Janeiro: Sextante, 2012.

CATMULL, E. **Criatividade S.A**: superando as forças invisíveis que ficam no caminho da verdadeira inspiração. Rio de Janeiro: Rocco, 2014.

DWECK, C. **Mindset, a nova psicologia do sucesso.** Rio de Janeiro: Objetiva, 2017.

GABLER, N. **Walt Disney: o triunfo da imaginação americana.** Barueri: Novo Século, 2006.

GLADWELL, M. **Davi e Golias: A arte de enfrentar gigantes.** Rio de Janeiro: Sextante, 2014.

GRANT, A. **Pense de Novo.** Rio de Janeiro: Sextante, 2021.

GRINBERG, C. **Desaprenda**: como se abrir para o novo pode nos levar mais longe. Caxias do Sul: Belas Letras, 2019.

ISAACSON, W. **Einstein, Sua Vida, Seu Universo**. São Paulo: Companhia das Letras, 2016.

KABAT-ZIN, J. **Atenção plena para iniciantes**: usando a prática de mindfulness para acalmar a mente e desenvolver o foco no momento presente. Rio de Janeiro: Sexante, 2019.

KRUEL, C., BORNELI, J., FRANCESCHI, P. **Organizações Infinitas**: o segredo por trás das empresas que vivem para sempre. São Paulo: Gente Editora, 2021.

LEWIS, M. **Moneyball, o homem que mudou o jogo.** Rio de Janeiro: Intrínseca, 2015.

MINTZBERG, H. **Ascensão e Queda do Planejamento Estratégico.** Porto Alegre: Bookman, 2004.

MURAKAMI, H. **Do que eu falo quando falo de corrida.** Rio de Janeiro: Alfaguara, 2010.

NASAR, S. **Uma mente brilhante.** Rio de Janeiro: BestBolso, 2018.

PAOLANTONIO, S. **Philly Special: The Inside Story of How the Philadelphia Eagles Won Their First Super Bowl Championship**. Chicago: Triumph Books, 2018.

RAND, A. **A revolta de Atlas.** São Paulo: Editora Arqueiro, 2017.

SCHULTZ, H. **Dedique-se de coração: A história de como a Starbucks se tornou uma grande empresa de xícara em xícara.** São Paulo: Buzz, 2019.

TALEB, N. **Antifrágil: coisas que se beneficiam com o caos.** Rio de Janeiro: Best Business, 2019.

TOFER, A. **A Terceira Onda**. Rio de Janeiro: Record, 1993.

ZOOK, C.; ALLEN, J. **Proft from the Core: A Return to Growth in Turbulent Times**. Boston: Bain & Company, 2010.

Outras fontes:

Filme **Bohemian Rhapsody**, Direção de Dexter Flectcher. Paramount Pictures: Los Angeles, 2019.

Filme **Ford vs. Ferrari**, Direção de James Mangold. 20th Century Studios: Los Angeles, 2019.

Filme **Nasce uma Estrela**, Direção de Bradley Cooper. Warner Bros. Pictures: Los Angeles, 2018.

Filme **Rocketman**, Direção de Dexter Flectcher. New Republic Pictures: Los Angeles, 2019.

Filme **Wall Street: o dinheiro nunca dorme**. Direção de Oliver Stone. Dune Entertainment: Los Angeles, 2010.

Podcast **Business Wars**. Starbucks vs. Dunkin, exibido em março de 2020.

Podcast **How I Built This**. NPR., entrevista com James Dyson, exibida em fevereiro de 2018.

Podcast **Wisdom From the Top**, entrevista com Brian Cornell (Target), exibida em abril de 2022.

Podcast **Wisdom From the Top**, entrevista com Hubert Holy (Best Buy), exibida em novembro de 2021.

Podcast **Wisdom From the Top**, entrevista com Jorge Vig Knudstorp (Lego), exibida em outubro de 2021.

Podcast **Wisdom From the To**p, entrevista com Mickey Drexler (GAP), exibida em maio de 2022.

Podcast **Wisdom From the Top**, entrevista com Sarah Robb O'Hagan (Gatorade), exibida em novembro de 2021.

Podcast **WorkLife**, with Adam Grant, The Perils of Following Your Career Passion, exibido em março de 2019.

Série **LA casa de papel** (temporada 5), Direção: Jesús Colmenar, Koldo Serra, Álex Rodrigo e Javier Quintas. Produção: Álex Pina, Sonia Martínez, Jesús Colmenar, Esther Martínez Lobato, Nacho Manubens. Espanha 2021.

TED Talks. **The Golden Circle**, Simon Sinek, 2009.

Vídeo do YouTube **"Backwards brain Bicycle"**, agosto de 2015.